福祉心理学を愉しむ 第3版

宮原和子・宮原英種［著］
MIYAHARA Kazuko & MIYAHARA Hidekazu

ナカニシヤ出版

まえがき－「福祉心理学を愉しむ」第3版の刊行にあたって

　2001年（平成13年）8月，日本において数少ない福祉心理学のテキストとして『福祉心理学を愉しむ』を出版しましたが，その後，福祉，あるいは，福祉心理学に関係する領域での時代の変化は激しく，それに関連する領域で使われる専門的な用語，あるいは，官庁をはじめとする関係筋から毎年発表される年間統計，福祉に関する法令等においても，そのときとはかなり異なる状況が生じてきました。
　このようなことから，「福祉心理学」についての基本的な思想，概念の記述については変更するところはなかったのですが，データや呼称，さらには，所定の法律等については新しい状況を踏まえて改新しなければならない事態となりました。
　このような状況のなかで，新しく改訂したのが本書『福祉心理学を愉しむ』第3版です。
　しかし，本書『福祉心理学を愉しむ』第3版は，「福祉心理学」に対するその基本思想においてはなんら変わるものではありません。
　その基本思想の一つは，「福祉心理学」の原点としての「福祉」のもつ本来の概念から出発し，そこから「福祉心理学」という学問を構築していることです。「福祉」とは，本来，「しあわせ」のことです。「福」も「幸福の福」であれば，「祉」も「しあわせ」の意です。このことから，「福祉」とは本来「しあわせ」を意味することばであるといわなければなりません。すなわち，「福祉」とは，本来，人間の「しあわせ」を実現するものでなければなりません。その人間の「しあわせ」を実現する社会，それが「福祉社会」といわれるものです。ところで，「しあわせ」とは，その多くが心の問題です。心の有り様の問題です。このことから，その心，心の有り様の問題を考えるのが「福祉心理学」であるということになります。これからの21世紀の「福祉」は，20世紀に考えられてきたその概念を大きく前進させ，変革していかなければなりません。すなわち，これまでいわれていた障害者や高齢者，乳幼児，さらには女性といった，いわゆる「社会的弱者」といわれている人たちへの支援と援助はもちろんのこと，この地球上に生まれたすべての人が安寧に安心して生きる社会を構築する概念として進化しなければならないのです。それが21世紀の「福祉」「福祉心理学」であるということです。
　第二に，そのことから，これからの21世紀の「福祉」は，「補償」から「予防」へ，さらには，「保健」への概念を包摂したものでなければなりません。「補償」という概念は，「欠けているものを補う」という意味です。これまでの20世紀の「福祉」が，どちらかといえば，「欠けているものを補う」という考えでおこなわれていたことに対して―もちろん，21世紀においても，「補償」としての「福祉」はさらに発展させ，充実させていかなければならないことは当然のことです―，それと同時に21世紀の「福祉」は，健全な人が心身の「健康を維持し」さらには「さらにその健康を増進する」という概念をも包摂しなければならないのです。この意味で，21世紀の「福祉」は，「補償」から「予防」へ，さらには「保健」へと，その概念を拡大していかなければならないのです。すでにその兆候は，社会のさまざまなところで現われています。「マイナーと同時に，メジャーも」，それが本書のもう一つの重要な提言です。
　第三は，これからの社会の一つの大きな特徴である「高齢社会」を考える概念として「齢代」の呼称と概念を提起していることです。現代の若者に「高齢者」という刺激語を与え，その連想としての反応を求める心理学の「連想実験」を実施してみると，「高齢者」という刺激語に対して若者がもつイメージは，きわめてネガティブなものです。若者のもつそんなネガティブなイメージ，認識では，これからの豊かな「高齢社会」を構築していくことはできません。そのことから，それに代わる新しい概念として「齢代」，とくに「第三齢代」の概念を提唱し，これからの21世紀の新しい豊かな「高齢社会」をつく

り上げていこうと考えていることです。

　「福祉」に対するこれらの基本的な思想のもとに新しい学問としての「福祉心理学」の構築を考えたのが，本書『福祉心理学を愉しむ』です。

　そのためには，これからの21世紀の「福祉」に対しては，20世紀の「福祉」と異なる，「新しい概念の創造」「新しい価値の創造」がなされなければなりません。21世紀の「福祉に対する思想の変革」「新しい価値の創造」，これこそ，まさしく本書の基本テーマであるといえます。

　なお，「福祉心理学」をはじめて学ぶ学生をはじめ，読者の皆さんが，『福祉心理学を愉しむ』第2版を通して福祉心理学をより深く理解するために，その副読本を上梓しました。本書『福祉心理学を愉しむ』第3版と同時に，副読本『福祉心理学をより深く理解するために』をあわせてひもといていただければ，「福祉心理学」への理解が一層深まるものと確信しています。

春らんまんの江戸にて

宮原和子
宮原英種

も く じ

まえがき　*1*

1　福祉心理学とはどんな学問か ……………………… *8*

21世紀の社会　*8*
21世紀の福祉　*9*
新しい価値の創造　*10*
福祉心理学　*11*
　　　Box－1　「福祉心理士」資格認定について　*13*

2　福祉と心理学と… ……………………………………… *14*

心理学　*14*
心理学と福祉　*15*
応用心理学　*16*
関連領域　*16*
　　　Box－2　心理学とはなにか　*19*

3　赤ちゃん誕生－福祉のはじまり ……………………… *20*

「揺りかごから…」　*20*
母子相互交渉　*21*
好奇心の育ち　*22*
健やかに育てる　*23*
　　　Box－3　赤ちゃんの原始反射　*25*
　　　Box－3　赤ちゃんはこんなに賢い　*26*

4　子どもが危ない ………………………………………… *28*

危ない子どもたち　*28*
現代社会と子どもの危機　*29*
増える児童虐待　*30*
コンピテンス　*31*
　　　Box－4　「応答的保育」　*33*

5　補償か，予防か ………………………………………… *36*

ヘッド・スタート計画　*36*
補償教育　*37*
予防か，補償か　*37*

予防と社会福祉　*38*
　　　　Box－5　学問と福祉と－J．マックビカー・ハントの挑戦　*40*

6　暴走する若者 ……………………… *42*

暴走する若者の生態　*42*
非行許容度－国際比較　*43*
道徳意識・価値観は…　*44*
社会の教育力　*45*
　　　　Box－6　青年期のこころ　*47*
　　　　Box－6　非行少女から弁護士へ　*48*

7　人間関係の喪失と病理 ……………………… *50*

人間形成の成長　*50*
青年期以後の人間形成　*51*
人間関係の喪失と歪み　*52*
人間性の回復　*54*
　　　　Box－7　カマラ物語－狼に育てられた少女　*56*

8　環境に生きる－自分を守る心 ……………………… *58*

生きることの意味　*58*
心の仕組み　*59*
防衛機制　*60*
精神的健康　*61*
　　　　Box－8　葛藤を解決する　*63*

9　21世紀の福祉高齢社会－「齢代」の提唱 ………… *64*

連想実験　*64*
齢代　*65*
「齢代」のもつ特徴　*66*
「第三齢代」と「第四齢代」　*67*
　　　　Box－9　世界一長寿国，日本－WHO報告　*69*

10　第三齢代を豊かに生きる ……………………… *70*

福祉高齢社会　*70*
定年　*71*
年金家族　*72*
「アイデンティティの喪失」を越えて　*72*
　　　　Box－10　老後の不安　*74*
　　　　Box－10　生き生き第三齢代「世界一周クルーズの旅」　*75*
　　　　Box－10　高齢者データでみる同居率　*76*

11 「第四齢代」－依存と介護 ……………………… 78

 第三齢代から第四齢代へ *78*
 第四齢代 *79*
 自立への道 *80*
 超高齢社会 *81*
   Box－11 高齢者のおもちゃ *83*

12 施設とケア ……………………………………… 84

 介護の社会化 *84*
 老人保健施設 *85*
 特別養護老人ホーム *85*
 デイケア *86*
   Box－12 介護保険制度 Q&A *88*

13 高齢者施設－オーストラリアからの報告 ………… 90

 新しい時代の到来 *90*
 欧米社会の生き方 *91*
 リタイアメント・ヴィレッジ *92*
 アクティビティを愉しむ *93*
   Box－13 セミ・リタイアメントへの途 *95*

14 産み，育て，看とる－女性の復権 ……………… 96

 女性の社会進出 *96*
 女子教育の拡大と深化 *97*
 女性の権利回復 *98*
 平和と福祉 *98*
   Box－14 男女平等社会の実現 *101*
   Box－14 夫婦の絆，希薄に *102*

15 障害を生きる ……………………………………… 104

 知的障害 *104*
 精神遅滞の2つのケース *105*
 行動／情緒障害 *106*
 身体的障害 *107*
   Box－15 障害者に運転免許取得が認められる *109*

16 こころの病 ……………………………………… 110

 精神障害 *110*
 心因性精神障害 *111*
 内因性精神障害 *111*

外因性精神障害　*113*
　　　　　　Box – 16　認知症介護のいま　*114*
　　　　　　Box – 16　こころの不調，その分類　*115*
　　　　　　Box – 16　こころの風邪，うつ病　*118*

17　こころの相談－カウンセリング ………………… *120*
　　　こころの相談　*120*
　　　カウセリングの3つの条件　*121*
　　　カウンセリングと教育　*121*
　　　カウンセリングと社会　*122*
　　　　　　Box – 17　『空我を生きる』－ある心理学者の苦悩と光　*125*
　　　　　　Box – 17　臨床心理士　*126*
　　　　　　Box – 17　患者の心をどう支えるか　*127*

18　地域社会の支援と復権 ………………………… *128*
　　　地域社会の変貌　*128*
　　　公民館活動　*129*
　　　高齢者大学から生涯大学へ　*130*
　　　U3A　*131*
　　　　　　Box – 18　第三齢代の学習　*133*
　　　　　　Box – 18　社会福祉協議会　*135*

19　環境福祉学 …………………………………… *136*
　　　環境と福祉　*136*
　　　レビンの行動公式　*137*
　　　福祉まちづくり　*137*
　　　バリアフリー　*139*
　　　　　　Box – 19　心理的環境と物理的環境　*141*

20　こころの健康科学 ……………………………… *142*
　　　「予防」から「保健」へ　*142*
　　　こころの健康と現代社会　*143*
　　　生活の場とこころの科学　*144*
　　　こころの健康を支える人びと　*145*

「夢みる世界」－あとがきに代えて　*147*
参考文献　*149*
索　引　*150*

福祉心理学を愉しむ：
新しい価値の創造

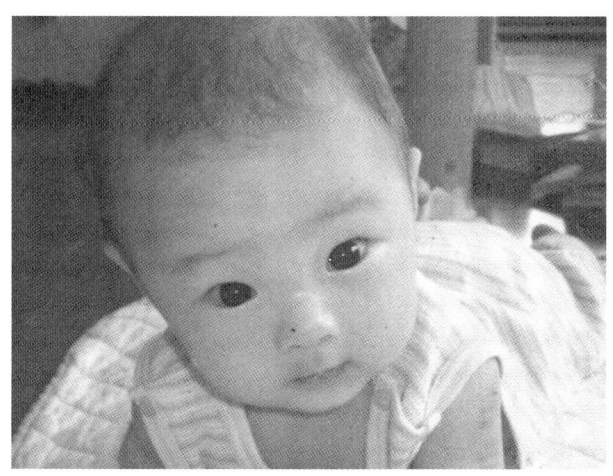

はるか未来へ
過去はつくり直せないが，未来はあなたの参加を待っています。

1

福祉心理学とはどんな学問か

Key word

福祉
Welfare

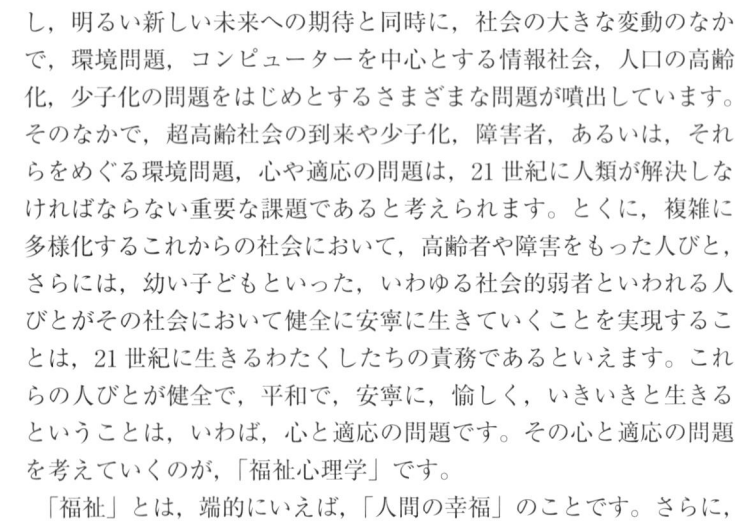

幸福の無窮動。

　21世紀の社会　いま世は，戦争と動乱，社会主義の勃興と衰退の20世紀を終え，希望と期待に充ちた21世紀を迎えました。しかし，明るい新しい未来への期待と同時に，社会の大きな変動のなかで，環境問題，コンピューターを中心とする情報社会，人口の高齢化，少子化の問題をはじめとするさまざまな問題が噴出しています。そのなかで，超高齢社会の到来や少子化，障害者，あるいは，それらをめぐる環境問題，心や適応の問題は，21世紀に人類が解決しなければならない重要な課題であると考えられます。とくに，複雑に多様化するこれからの社会において，高齢者や障害をもった人びと，さらには，幼い子どもといった，いわゆる社会的弱者といわれる人びとがその社会において健全に安寧に生きていくことを実現することは，21世紀に生きるわたくしたちの責務であるといえます。これらの人びとが健全で，平和で，安寧に，愉しく，いきいきと生きるということは，いわば，心と適応の問題です。その心と適応の問題を考えていくのが，「福祉心理学」です。

　「福祉」とは，端的にいえば，「人間の幸福」のことです。さらに，そこから発展して「公的扶助による生活の安寧と充足」であるといってよいでしょう。英語では，「welfare」といいます。「welfare」の思想の根底には，人間がもつ固有の権利，人間が人間として生きる権利，すなわち，人権の思想があります。アメリカやヨーロッパ，カナダの「welfare」の歴史は古く，わたくしたち著者が30年以上も前，アメリカ合衆国に留学し，イギリスをはじめヨーロッパ諸国を巡ったとき，よく「welfare」ということばに出会いました。そし

てそれはことばだけではありませんでした。当時，アメリカはベトナム戦争のまっ只中でした。そのころすでに，ハンディキャップをもった人たちやベトナムから傷ついて帰った傷兵のための駐車場やスロープのついた建造物などを各所で見受けました。大学の建物もそうでした。そのスロープや駐車場は，1960年ごろにはすでにつくられていたのです。

近年，日本でも，「福祉」ということば，あるいは，それにつらなることばが，さまざまなところでいわれるようになりました。大学や学科の名称としての「社会福祉」「介護福祉」「公的介護」といったものから「バリアフリー」とか，さらには，「介護タクシー」といったものまで現れるようになりました。「福祉」という概念が，わたくしたちの社会のなかで急速に広がっていった背景には，わたくしたちの住む社会が急激な変貌をとげているという大きな社会の変動があります。

たとえば，国連の定義によると，65歳以上の人たちが全人口の7％を占めるようになると，「高齢化社会」といいます。それが14％以上になると，「化」がとれて「高齢社会」になります。日本は世界のどの国も経験したことがないような急激な速度で人口の高齢化が進んでいます。1970年，65歳以上の人口が全人口の7％に達し「高齢化社会」にはいった日本は，その後，急速な速度で1994年にはその比率が14％を突破し，2005年には20％を超え，いわゆる「高齢社会」に突入しました。21世紀にはいったいま，その比率はさらに加速し，2025年には，全人口の28.7％が65歳以上の人たちで占められるようになることが予測されています。

このような高齢者の人口動態の変化と特徴は，「高齢社会」あるいは「超高齢社会」の到来として，さまざまな問題と課題を提起しています。「介護福祉」「公的介護」といったことばが使われるようになった背景には，このような社会の変化と，そこから生まれるさまざまな課題とそれを解決するための一つの重要な方法としてそれが提起されたことです。しかし，これからの社会において，いわゆる「高齢者」といわれる人びとが健康で，安寧に，平和に暮らしていくには，「バリアフリー」とか「介護タクシー」とか「福祉バス」といったハードの側面だけではなく，その社会で暮らす人たちの「心」の問題がきわめて重要になってきます。なぜなら，「福祉」とは，わたくしたちが幸せに，心豊かに暮らすことであるからです。

21世紀の福祉　20世紀の福祉に対する研究の進展と社会の関心は，主として，障害をもった人びとや介護を必要とする高齢の人たちの支援と援助に向けられてきました。いわば，社会のなかでとかく見過ごされそうな少数の，マイナーの人びととの生活の支援とケアに目が注がれ，その面での研究も大きく進展してきました。

21世紀にはいっても，障害をもった人びとや介護を必要とする高齢者への援助，さらには，疾病をかかえた人たちの医療の問題は，わたくしたちが取り組まなければならない重要な福祉の課題である

Key word

高齢化社会
高齢社会
介護
バリアフリー

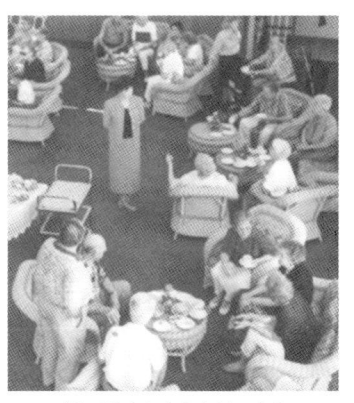

バリアはあなたの心がつくる。

Key word

QOL
価値

ことは申すまでもありません。しかし，同時に，21世紀の福祉は，この地球上に住むすべての人間が豊かに暮らすことができるような「生活の質（Quality of Life, QOL）」にも多くの目を向けなければなりません。それが21世紀の新しい「福祉」の概念であるといえます。

たとえば，心理学のなかで急速に発展し，注目を集めている一つの領域として「健康心理学」といわれるものがあります。わたくしたち著者が「Health Psychology」ということばを最初に耳にしたのは，1984年，メキシコのアカプルコでおこなわれた国際心理学会のときでした。その領域についてはほとんど知識のなかったわたくしたちは，「Health Psychologyって，なんだろう」「健康に関係する心理学だろうけれども，どんなことを研究する心理学だろう」と話し合ったことをいまでも鮮明に覚えています。

しかし，時代の流れは，速いものです。いまでは「健康心理学」は学問領域として確実に定着し，これからの重要な心理学の領域として位置づけられています。「健康心理学」というのは，いわば，メジャー，大多数の人たちのための心理学です。もちろん，健康心理学のなかには，ハンディキャップをもった人たちや疾病の治癒や介護を必要とする人たちへの研究の取り組みもはいっています。しかし，同時に，「健康心理学」というものの中心概念は，病気や疾病のない健康な人びとが疾病に陥ることなく，その健康を保持し，いかに幸せに暮らしていくかということにあると考えられます。マイナーからメジャーへ，この地球上に住むすべての人間がその生活の質をさらに向上させ，より豊かに暮らすための人間の幸福を考えていくのが，まさしく21世紀の「福祉」であるといえるのです。

アメリカやヨーロッパの街を歩くと，車道と歩道がはっきりと分離してつくられています。これもそこで生活する人が安全に，しかも安心して生活できるようにするための一種の「福祉」であるということができます。ドイツのフランクフルトの空港へ向かって飛行機が着陸態勢にはいると，眼下に緑の広大な樹海が広がります。その広大な緑の樹木に驚くと，出迎えたドイツの友人は，ただ一言「人間には酸素が必要です」。これも，広い意味でいえば，人間の生命と生存のための，人間の幸せのための「福祉」であるといえないこともありません。

もちろん，「福祉」ということばは，政治のことばでもあります。とくに近年においては，政治の世界においても，「福祉」ということばは，日常使われています。「最小の市民負担で最大の市民福祉を目指す」という目標のもとに，都市の改革に取り組んだ地方自治体の長もいます。おそらく，それこそ，政治の目指す最大の目標の一つであるといえましょう。

新しい価値の創造　このように考えてくると，21世紀の「福祉」は，「新しい価値の創造」であるといえます。20世紀になかった新しい価値を創り出すことによって，21世紀の福祉社会が出現す

車道と歩道という観念がないというのは安全なのかもしれない。

るのです。

　1945年，第二次世界大戦が終結し，廃虚と混乱のなかにあった日本は，敗戦の虚脱から立ち直り，戦後50年にして世界第2位の経済国家をつくり上げ，物あふれる豊かな社会を築いてきました。しかし，一方，経済国家への歩みは，金が最高の価値をもち，力のあるものが社会を制する，それを認める社会をつくりあげてきました。たとえば，偏差値教育による大学の位置づけ，偏差値の高い学校を良しとする風潮。ロボットをはじめとする科学技術革新によって年季をかけて習得した熟練の技術も，その価値を失い，尊敬の対象から消滅しました。とくにパソコンなどのコンピューターの出現によってそれを操作する若者に対する価値が増大し，その操作に疎い中高年層の価値は下落し，不要な人間としてリストラの対象となりました。このようにして，経済国家としての価値体系のなかでさまざまな社会的弱者が生まれ，その社会的弱者は，社会の隅の方に追いやられていったのです。

　21世紀の福祉は，経済より心を優先する社会でなければなりません。あるいは，これまでに築いた豊かな経済国家の上に人の心を最高の価値とする社会でなければなりません。その社会に住むすべての人が，老いも若きも，おとなも子どもも，男も女も，健康な人もそうでない人も，健常な人も障害のある人も，すべての人が，安心して心豊かに暮らす社会が，21世紀の福祉社会でなければなりません。それは，ある種の理想郷であるかもしれません。しかし，21世紀の福祉社会は，そのユートピアを目指して歩まなければならないのです。それには，人間の心を中心とする新しい価値の創造，価値への転換がなされなければならないのです。

　福祉心理学　　人間が安寧に幸せに生きるには，一つには，幸せに生きるための「環境」の問題があります。どのような自然環境が，どのような人工環境がその環境で生きる人たちの幸せを保障するのかという，いわば，ハードの問題です。環境福祉ともいうべきものです。もう一つは，社会保障制度をはじめとする「システム」の問題です。医療保険や介護保険，公的介護，年金，あるいは，行政サービスといったものは，このカテゴリーにはいるものでしょう。

　しかし，それらの問題と同時に，「福祉」とは，冒頭に述べたように，人間の幸せの問題です。人間の幸福，暮らしの安寧と豊かさは，ハードやシステムの問題であると同時に，さらにその根底には，「心」の問題があります。どんなに大きな家に住み，どんなぜいたくな生活をしても，心がやすまらなければ，心が平穏でなければ，決して心豊かな生活であるとはいえません。旅行についても同じことがいえます。どんなに豪華な海外旅行をしても，おもしろくなければ，楽しくなければ，つまらないものになってしまいます。決して幸せな旅ではありません。「心」の問題こそ，「福祉」の中心概念，中心的テーマでなければならないのは，そのためです。

　このような人間の幸せの心の問題，その環境に適した生き方とし

Key word

社会的弱者
福祉心理学
心

綺麗は幸福の十分条件？

環境を変えることは多様性を保障するか。

Key word

適応

ての適応の問題を考えていこうとするのが「福祉心理学」です。「福祉心理学」といわれるものは，障害をもった人たちや高齢者の心理と適応の問題はもちろんのこと，幼い子どものすこやかな育ち，さらには，より多くのすべての人たちが健康で健全により幸せに豊かに生きるための心と適応の問題を考えていこうとするものです。それが21世紀の「福祉心理学」であるといえます。

問　題

1) 21世紀の社会とはどんな社会でしょう。そこではなぜ心の問題が大切なのでしょうか。

2) 21世紀の新しい福祉の概念について考えなさい。

3) 21世紀の福祉は「新しい価値の創造である」というのはどうしてでしょう。

4) 「福祉心理学とは？」と問われたら，どう答えますか。

Box − 1 「福祉心理士」資格認定について

　平成20年7月20日，日本福祉心理学会念願の「福祉心理士」資格制度の創設が決定された。福祉心理士の認定については，福祉の領域でもその領域に関する心理的な問題を担当する専門の人材の必要性が求められるようになったためである。

　資格認定は，日本福祉心理学会「福祉心理士」資格認定委員会が資格認定制度規則に基づき，申請者から提出された諸書類について福祉心理士の専門性の資質を審査することになっている。

　日本福祉心理士資格認定は，日本福祉心理学会の正会員あるいは準会員であれば4つの類型のなかから選択し申請することができる。

　日本福祉心理学会は，「福祉心理士」資格認定制度の規則を作成し，その目的は，わが国の福祉心理学の発展に寄与し，福祉心理の業務に従事するものの専門性の向上に資するため，福祉心理士を養成する上での基礎資格を審査し，福祉心理士の資格認定を行うこととしている。（日本福祉心理学会「福祉心理士」資格認定委員会編：「福祉心理士」資格申請の手引きより）

安寧：パリ朝市。幸福の指標であろうか，食糧は。

2

福祉と心理学と…

Key word

心理学
ヴント

亡命ヨーロッパ人にとって
この像はどう写ったのだろう。

心理学 ここで福祉と心理学の関係についてさらにくわしく考えてみましょう。

心理学は，心の学問です。物理学が物を対象とする学問であるように，心理学は，心を対象とする学問です。人間の心を研究する心理学の歴史は，遠くギリシャの時代まで遡ることができます。ギリシャの哲学者，アリストテレスが書いた「精神論」がそれです。しかし，今日のように，心を対象とする心理学の研究が広い意味での実験を通しておこなわれるようになったのは，いまから120年以上前の1879年のことでした。よく知られているように，この年に，ドイツの心理学者，ウイルヘルム・ヴント（Wundt, W.）がドイツのライプチッヒ大学に心理学実験室をつくりました。心理学の実験室が創設されたということは，心理学が実験を通して研究されるようになったということを象徴するものです。

ドイツではじまった現代心理学は，20世紀になってアメリカにわたり，アメリカの国力の隆盛とともに，この国で花を咲かせ，いま，世界的な拡がりのなかで，新しい21世紀の時代へと移行しています。その間に，心理学は，さまざまな領域で心についての基礎的な研究を進め，研究の方法や技術を開発し，他に類をみないような発展をとげ，人間についての理解を進めてきました。

心理学がこれまで集積してきた基礎的な知識や技術は，大きく分ければ，知覚，発達，学習，人格，社会，適応，障害，臨床などがあります。もちろん，この他にも，これらのカテゴリーに包摂できないものもあります。しかし，一応心理学の基礎的な知識としては，

このような領域を考えることができるでしょう。

知覚とは、人間は目や耳や触覚などを通して外から情報を取り入れます。その情報を取り入れる過程や働きが「知覚」といわれるものです。人間の心が外に向けられた環境に対する窓口とでもいってよいでしょう。その窓口を研究するのが、「知覚」心理学です。この世に生を受けた赤ちゃんは、一生を通して身体的にも、知的にも、情緒的にも、社会的にも、成長・発達していきます。その成長・発達の過程を研究するのが「発達」心理学です。その発達の過程で、人間は健全に成長をとげるだけではなく、さまざまなつまずき、障害も起こります。その人間成長の立場から福祉を考えることも大切です。生まれたとき、ごく限られた反射能力をもって生まれてきた人間は、そのあと、実に数多くの行動を環境との触れ合いのなかで獲得し、一人の人間としての行動を身につけていきます。これが「学習」といわれるものです。人間のもつ知能や性格を「人格（パーソナリティ）」といいます。人間の性格や知能についての研究も、心理学では欠くことのできない大切なものです。もちろん、人間は一人で生きていくことはできません。人と人との関係のなかで生きています。集団のなかの人間を研究するのが「社会」心理学です。人間が生きていくということは、心理学的にいえば、環境にうまく「適応」していくということです。それがうまくいかないと不適応になります。さらに、世のなかには、心身ともに健全な人だけではありません。なんらかの障害をもって生きている人もたくさんいます。障害をもつ人の心や行動を研究するのも、心理学の大切な仕事です。また、心の悩みや不安をもった人たちの心の相談も大切なことです。カウンセリングといわれるものです。このような「臨床」も心理学の重要な研究分野です。

心理学と福祉　広辞苑で「福祉」ということばをひくと、「幸福。公的扶助による生活の安定，充足。「祉」もさいわいの意」と書かれています。「幸福」とは「しあわせを感じること」です。とすれば、「福祉」とは、わたくしたちが「幸せを感じる心の状態」であるということができます。それは、まさしく、心理学のもつ命題と一致するのです。心理学は、人間の心の働きや構造を研究する学問です。しかし、「なんのために研究するのか」と問われれば、もちろん、人間を幸せにするためです。もっと大きくいえば、すべての科学は人間の幸福と幸せのためにあるものです。そのなかで、心理学は、他の科学と違って、人間の心を研究する学問です。人間の幸せを願って…。その心理学の願いは、「福祉」という概念と一致するのです。心理学は、まさしく、福祉のためにあるといってもよいでしょう。心理学＝福祉であるといえるのです。

このように考えていくと、「福祉」という概念にもっとも近い概念が心理学であるといえないこともありません。いや、「福祉」と「心理学」は、同心円として重なるものであるということができましょう。そうであるとすると、あえて「福祉心理学」ということばを使

Key word

福祉心理学

Psychology for Happiness
for が大切。for には求める意味が込められています。

Key word

応用心理学
QOL
価値観の転換

わなくてもよいほど，この両者は似通っていることがわかります。心理学で得られた知識や技術をわたくしたち人間の心のやすらぎや，生活や暮らしの安寧や安定の方向にちょっとだけシフトさせるだけで，「福祉心理学」が生まれてくるということになります。

20世紀の心理学は，前章でも述べたように，障害や適応という問題に多くの力を注ぎ，大きな成果をあげ，社会的弱者といわれる人たちの，いわゆる「福祉」に大きく貢献してきました。しかし，21世紀の「福祉」は，障害をもつ人や幼児，高齢者，いわゆる社会的弱者といわれる人たちへの公的・社会的扶助による心の安寧や生活の安定はもちろんのこと，この地球上に住むすべての人間が，心やすらかに，安全で，安定した生活をどう送るかという「生活の質」に目を向けなければなりません。まさしく，そのことこそ，21世紀の心理学，福祉心理学がとりくまなければならない命題なのです。

応用心理学　人間の心や行動についての基本的な，基礎的な研究を進めてきた心理学は，その知識や技術を人間生活のさまざまな領域に応用する応用心理学をつくりあげてきました。たとえば，経済の領域に応用すれば「経済心理学」，消費者の心理や行動に応用すれば「消費者心理学」，広告に応用すれば「広告心理学」，交通事故や安全運転に応用すれば「交通心理学」，最近では，わたくしたち著者は，心理学の知識や技術を観光に応用できるのではないかと考えて「観光心理学」という心理学を提起してきました。こういった「○○心理学」といった名称の心理学は，人間のいるところ，人間が活動し行動するところ，すべてのところに生まれる可能性があります。いってみれば，基礎的な心理学の知識や技術を応用した「応用心理学」なのです。

それでは，「福祉心理学」といわれるものも，それらと類似した，既成の知識や技術を応用した応用心理学の一分野と考えてよいのでしょうか。これまで述べたことから明らかなように，「福祉心理学」は，心理学の知識や技術を単に福祉の分野に応用したものと考えるべきではないのです。「福祉心理学」は，単なる応用心理学の一部ではなく，これまで確立してきた人間についての知識や技術としての心理学が人間の福祉のために使うことのできるものであるといえます。その意味で，これからの福祉心理学は，その知識や技術を心理学に依拠するだけではなく，福祉心理学に対する「新しい価値の創造」がなされなければならないのです。

関連領域　「福祉」とは「幸せ」のことです。「幸せ」とは，心の問題です。このことから，「福祉心理学」を実現するには，その根底に「新しい価値の創造」，すなわち，経済優位の価値観からこころ優位の価値観への転換がなされなければなりません。そのような社会こそ，福祉社会でなければならないのです。

確かに，「福祉心理学」を狭義に解釈すれば，「福祉心理学」は，高齢者や障害者，乳幼児や母子家庭といった，いわゆる，「社会的弱

者」といわれる人たちに対する行動の研究やサービスのあり方，方法などを研究する学問であるということができます。しかし，21世紀の「福祉」は，それらの課題を研究すると同時に，さらに，この地球上に住むすべての人間の幸福と「生活の質」の向上に目を向けなければならないでしょう。それが21世紀の「福祉」であると考えられます。

Key word
制度・システム
QOL
バリアフリー

　そのためには，さまざまな関連領域の知識や技術の協力が必要です。人間が心豊かに幸せに暮らすには，大きく分ければ，ハードとシステム・技術の助けがなければなりません。さらに，環境も問題になります。

　年金や介護保険といったものは，制度・システムの問題です。それを支える学問領域は，政治・経済・行政・法律・社会などです。これらの社会科学の学問的研究によって，その社会に住む人たちの豊かな生活がシステムとして生まれてくるのです。リハビリテーションをはじめとする医学や看護学などの技術や知識は，わたくしたちが豊かに生活するための不可欠な要素です。医学の力によって疾病を治癒し，予防し，健康な生活を営むことができるのです。また，看護についての知識や技術も，これからの超高齢社会においては，ますます求められるものとなるでしょう。また，食事や環境問題も，人間の健康に深く関係するものです。わたくしたちが毎日口にする食べ物についても，遺伝子組み換えや農薬問題など，さまざまな問題が起こっています。さらに，大量の焼却などによって起こるダイオキシン，さらには自動車による排気ガス，アスベストの問題など，環境汚染や環境破壊が人間の健康や心の問題に深く影を落としています。21世紀になって，その影響は，ますます増大するものと思われます。これらの問題についての研究やその防止，それはこれからの社会生活の「質」を決定するうえで重要な柱となるのです。環境問題は，もっとはっきりと目に見えるかたちでのハードの問題があります。わたくしたちが毎日生活する住環境，都市環境をどうするかの問題です。社会的弱者といわれる人をはじめ，そこに住むすべての人が安全に安心して暮らしていけるには，住構造や都市構造のあり方が不可欠の条件となります。最近注目を集めている段差などの障害のない「バリアフリー」の住宅，スーパーや駅など，人が集まるところの建築構造のバリアフリー化など，建築学，電気・機械工学などによるハードの助けも欠くことはできません。

　わたくしたち人間が，いわゆる，社会的弱者といわれる人たちを含めて心豊かに，安心して，安寧に暮らしていくには，「福祉心理学」は，これらの関係領域の学問から知識や技術，システム，ハードといったさまざまな側面についての援助を受けながら「新しい価値の創造」としての学問をつくりあげていかなければならないのです。

問　題

1) 心理学とはどんな学問でしょうか。その歴史と領域を簡単に述べなさい。

2) 心理学と福祉の関係について考えなさい。

3) 福祉心理学が単に一つの応用心理学ではないと考えられるのはなぜですか。

4) 「福祉」を支えるさまざまな関連領域について考えてみましょう。

Box－2　心理学とはなにか

　心理学とは，どんな学問か。物理学が物を対象に，生物学が生物を対象に，生理学がからだの生理的な仕組みや働きを研究する学問であるように，心理学も人間の心を研究する学問である。対象として動物を取り扱うこともあるが，それもあくまで人間の心のしくみやはたらきを知るためである。

　「心理学は科学である」といわれている。ある学問が科学であるかどうかは，その学問が対象としているもので決まるのではない。方法が実験や観察によっておこなわれるか否かである。心理学の心についての研究も，思弁的，哲学的になされるものではない。実験や観察，あるいは，テストを使って仮説を検証することでおこなわれる。この意味で，心理学は，自然科学に類する学問であるということができる。

　事実，1879年，ドイツの心理学者，ウイリヘルム・ヴントがライプチッヒ大学に心理学実験室を創設した年をもって現代心理学のはじまりであると考えられている。しかし，心についての哲学的な研究は，遠くギリシャ時代に遡る。いまから，2000年以上も前のことである。ギリシャの哲学者，アリストテレスは，『精神論』という本を著わした。それが心理学の最初の本といわれているものである。このなかに書かれているもののなかには，現代においても，「真」であると考えられているものがある。心についての真理は，二千数百年にわたって永々と息づいているのである。

　しかし，心理学が現代科学としてはじまってからの歴史は，ヴントの実験室の創設以来，120年余に過ぎない。他の物理学等の科学と比べて決して長いものではない。しかし，その間に，心理学は，人間の心のさまざまな領域について大きな業績をあげてきた。

　「人間が生きる」ということは，心理学的にいえば，環境に適応するということである。言い替えれば，環境に適応してこそ，人間は生きていくことができるのである。環境に適応して生きていくためには，その環境を知覚，認識しなければならない。端的にいえば，感覚器官を通して環境を認識しなければならない。卑近な例でいえば，水平線にある大きな，大きな太陽も，中天にある小さな丸い太陽も，そう見えるのは，人間の心のなせる技である。水平線の太陽も，中天の太陽も，物理的な大きさにおいて変わろうはずがない。物理的に同じ大きさのものを同じと知覚し，認識するのであれば，心理学はいらない。物理学だけでよい。心理学という学問は存在しない。しかし，物理的に同じでも，心理的には決して同じではない，というところに「心の不可思議」がある。その「心の不可思議，不思議」があるために，そのメカニズムや法則を求めて研究する科学として心理学が存在するのである。

　「心」ほど，森羅万象のなかで科学的対象として研究の難しいものはない。おそらく，これから，他の科学的領域においてそのナゾを解く多くの科学的解明が進んだとしても，「心」の領域は，最後まで未踏峰の峰として残るであろう。

　しかし，それでも，現代心理学は，さまざまな領域で，知覚，学習，発達，人格，知能，社会，臨床といった分野で多くの成果をあげてきた。「日暮れて道遠し」の感であるが，心理学はこれからも，人間の心の解明に「人間のしあわせ」を求めて「福祉」のために進んでいくであろう。

Key word

ヴント
環境
適応

3

赤ちゃん誕生 – 福祉のはじまり

Key word

受胎
胎生期
分化・成長

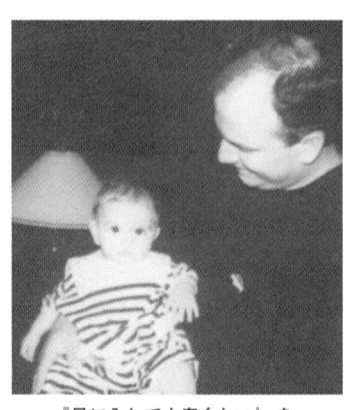

『目に入れても痛くない』を
『あなたのことを見てますよ』と
解釈しました，父は。

「揺りかごから…」 かつてイギリスの社会保障制度を称して「揺りかごから墓場まで」といわれたことがありました。いまでは，そのことばも随分色あせてきましたが，しかし，人間の安寧と幸福を願う福祉が人間の誕生の瞬間にはじまることは，論を待たないところです。この世に生を受けた子どもがすこやかに育ち，社会の一員として成長することは，社会福祉の第一歩であるといえます。

赤ちゃんの生命の誕生は，男子の精子が女子の卵子の壁を破って結合した受胎の瞬間にはじまります。この受胎した生命が誕生するまでには，10か月という胎生期（卵体期，胎芽期，胎児期）を必要とし，その胎児にとっての重要な環境が母親の母体です。この母体という環境のなかで，胎児は酸素と栄養を吸収し，複雑な分化・成長を続けながら大きくなっていくのです。

母体によって十分に保護されてきた赤ちゃんは「ンギャー」という産声をあげて誕生します。赤ちゃんは，一般に，生後1か月間は新生児といわれます。出生時の体重は，男児，平均3,200グラム，女児，平均3,000グラムです。体重2,500グラム未満の赤ちゃんは，低出生体重児とよばれ，なかでも，在胎37週未満の，体重2,500グラム以下の赤ちゃんを未熟児といいます。生まれたときの身長は，男女ともにおよそ50センチです。

新生児は脳の大脳皮質がまだ十分に発達していないので，全身的なでたらめな運動，自発運動や，原始的な反射運動をします。原始的な反射には，生命を維持するのに必要な，呼吸，嚥下，瞳孔反射などの生理的反射や，吸啜反射，把握反射，モロー反射，バビンス

キー反射などの原始反射があります。これらの原始反射のほとんどは，中枢神経系が成熟するのにともなって，通常，生後6,7か月までに消失していきます。このことから，もし消滅する時期になっても，なお残存している場合には，中枢神経の働きに問題があるとみなさなければなりません。脳性小児麻痺は，原始反射がいつまでも消失しないことから発見されることがあります。

母子相互交渉　新生児は，母親の保護のもとに，母親との相互交渉のなかで成長・発達をとげていきます。母子相互交渉は，原始反射のなかの吸啜反射ではじまります。母親は赤ちゃんが胎児のときから母親になることを学習し，赤ちゃんへの授乳によって母親らしくなっていきます。母親は赤ちゃんの泣き声を聞くと，乳房がはって痛みを感じます。母親がはった乳房を赤ちゃんの口唇にもっていき乳首をくわえさせると，赤ちゃんは本能的にその乳首をひっぱり，吸啜反射で反応します。その反射で乳首はゆるみ，初乳といわれる乳汁が出ます。こうして母親と子どもとの間に授乳と吸啜の関係がつくられ，母子相互交渉がはじまるのです。

　新生児がもっている感覚能力のうち，視力は0.02といわれ，それは母親の胸に抱かれているとき，母親の顔が見えるくらいであり，母子相互作用に必要なアイコンタクト（見つめあい）のための十分な視力と考えられています。新生児の一日のほとんどは睡眠ですが，その睡眠の間にも覚醒し，睡眠のサイクルと覚醒のリズムをつくっていきます。誕生時に視力をもっている赤ちゃんは，覚醒しておとなしくしている状態のとき，凝視あるいは注視をおこなっています。生後2週間から20週間の健康な乳児とその母親5組の対面時における母子の行動を分析した研究（ブラゼルトンら，1981）によると，乳児の凝視行動には「見つめる─目をそらす」のリズムがあり，このリズムに同調した母親の行動は乳児と母親の対面的接触を持続させるけれども，母親がこのリズムを無視した行動をとれば，この関係はこわれるとしています。したがって，この乳児と母親の目と目，顔と顔の相互的な交流によって，親子の関係がつくられていくのです。

　さらに，赤ちゃんの原始的な微笑反応は，生後数時間で観察されるものです。微笑反応の発達は，自発的・反射的微笑の段階（誕生時より生後1か月まで）から，社会的微笑の段階（およそ生後2か月から生後4か月まで），選択的な微笑の段階（およそ生後5か月から生後7か月まで）を経て，分化した社会的反応性の段階（一生持続する）へと進展していきます。

　そのなかでも生後2か月前後から見られる社会的微笑・選択的な微笑の発達は，母子関係の成立にとって大切なものです。乳児は，母親が微笑し，声をかけて応える，抱き上げてやるといった行動に微笑で反応して，母親と赤ちゃんとの絆，母子相互交渉が活発になっていきます。

　母子相互交渉のなかでも重要な役割をもつのが，ことばによる相

Key word

新生児
母子相互交渉
乳児の凝視
微笑反応

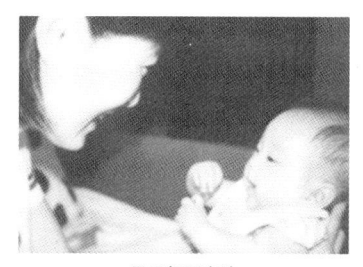

母子相互交渉

Key word

応答
定位反応
再認の喜び

赤ちゃんの目を見ずにいられない。このことは、赤ちゃんに見すえられていることを意味します。「あなたは、わたしの母親としてのあなたですか」と問われているのですから。

互交渉です。ことばによるコミュニケーションの機能が十分に発達していない赤ちゃんは、はじめは母親の顔の表情や身振り、あるいはことばをかけてやるなどの非言語的な伝達行動によって親子の絆をつくっていきます。しかし、次第に赤ちゃんの発声に母親が応えていくなかで、赤ちゃんと母親との言語的なコミュニケーションは育まれ、親子の絆はさらに深まっていきます。

赤ちゃんの成長は、赤ちゃんと環境の「相互交渉・相互作用」の営みのなかでおこなわれます。「相互交渉・相互作用」とは、赤ちゃんが環境に働きかけ、それに対して環境から働きかけられる「やりとり」をいいます。このことから、子どもがすこやかに成長するか否かは、この「相互作用」のあり方にあるということができます。子どもの行動に対して、それに応じて環境から、たとえば、母親が反応を返すことを「応答」といいます。応答的な環境は、赤ちゃんがすこやかに成長するうえできわめて大切なものです。

好奇心の育ち　知的好奇心も、赤ちゃんの成長にとって大切なものです。しかも、わたくしたち人間の知的好奇心は、生後1年ごろまでにその原型がつくられるのです。

赤ちゃんは、生まれたとき「定位反応」という反射的な行動をもって生まれてきます。この「定位反応」による外界との接触が、人間の知的好奇心のはじまりです。

赤ちゃんの知的好奇心は、三つの段階を経て発達していきます。

第一段階は、「定位反応の段階」といわれる、赤ちゃんが外部の刺激の変化に対して反射的に反応する段階です。「定位反応」とは、外界の突然の変化に対して反射的に反応することです。たとえば、電灯の光が急に点滅したり、突然音がすると、その変化に反射的に注意を向けるといったものです。これは、赤ちゃんの最初の段階での外界に対する生得的な「定位反応」を行使しての「受動的」な接触です。それは、決して「自ら興味をもつ」とか「能動的」とかいったものではありません。しかし、それがやがて能動的なものとなり、知的好奇心へと至る源流となるのです。

赤ちゃんは、「定位反応」によって受動的にまわりの環境と接しているうちに、目や耳などの感覚器官を通して環境からの情報を大脳のなかに蓄積していきます。自分の頭のなかに情報が蓄積されていくと、赤ちゃんはその蓄積された情報をもう一度見たい、もう一度聞きたいという気持ちをもつようになります。それが生後4、5か月ごろからはじまる、「再認の喜び」といわれる知的好奇心の発達の第二段階です。この「再認の喜び」の段階になって、赤ちゃんは自ら見よう、自ら聞こうとする自発性をもつようになります。外界の変化によって誘発されて起こった反射的「受動的」な行動は、第二段階になって「能動的」行動へと移っていきます。

「新奇なものへの興味」といわれる第三段階は、生後1年を迎える少し前ごろからはじまります。自分の知っている見慣れたものに興味を示していた子どもは、やがて見慣れたもの、よく知っているも

のに出会うことに「飽き」が生じ，それまで知っているものに興味を示さなくなります。このようにして，赤ちゃんは，自分の知っているものよりも，少し新奇な，少し違ったものに興味をもち，それに好奇心を発揮する子どもへと成長していくのです。

外から賞や罰を与えられなくとも，自ら興味をもって行動することを心理学では「内発的動機づけ」といいます。上に述べた「定位反応」から「再認の喜び」，「新奇なものに対する興味」への発達過程は，「内発的動機づけ」の発達過程を述べたものです。ものごとに興味をもち，自らの意志で行動する，この「内発的動機づけ」こそ，人間が生きるうえでのきわめて重要な能力なのです。この能力があれば，苦しいときでも，なんとか一生を生き抜いていける，切り開いていける，人間がその一生を生きるための「パスポート」のようなものです。その能力の原型は，赤ちゃんのときにつくられるのです。

健やかに育てる 誕生した赤ちゃんが病気をすることなくすこやかに育つことが親の最大の願いです。いや，社会に生きる者の願いです。赤ちゃんの肝臓，腎臓などの移植にたくさんの募金が集まるのは，その願いがあるからです。

しかしながら，いろいろな疾病によって赤ちゃんが病気になったり死亡することも，決して少なくありません。そのなかには，出産時におこる強度の難産や頭蓋内の出血などが原因で障害が発生し，それが知的あるいは運動的な障害といった後遺症につながることもあります。また，先天的な心臓の疾患や，代謝異常症，第21番目の染色体が1つ多い「先天性のダウン症候群」もあります。さらには原因が不明で，日本での発生頻度が出生1,500人に対して1人の割合で発生するといわれる，それまでの健康状態や既往症からはまったく予想できないで乳幼児が死亡する「乳幼児突然死症候群」といわれるものもあります。

赤ちゃんは，新生児期では，母親からの免疫をもっているので感染症の可能性は少ないのですが，生後9か月頃からは免疫もうすれ，いろいろな感染症にかかるようになります。予防接種は，感染症等の病気にかからないように免疫をつけるためにおこなわれるものです。

予防接種には，法定伝染病予防のために，DPT三種混合（ジフテリア・百日咳・破傷風），ポリオ（急性灰白髄炎），麻疹（はしか），風疹，日本脳炎，BCG等のワクチンを接種します。任意に接種するインフルエンザワクチンやおたふくかぜのワクチン，水痘ワクチンなどがあります。こういった予防接種によって赤ちゃんの死亡を防いでいるのです。

しかしながら，健康な赤ちゃんもあるとき突然に発熱したり，嘔吐，咳，下痢，けいれんをしたりするものです。それが思いがけない病気の原因であったりします。そのためには，赤ちゃんの異常を早期に発見することです。看護や医療の現場では生命（生存）の徴

Key word

内発的動機づけ
ダウン症候群
乳幼児突然死症候群

赤ちゃんへの期待は大きいが，勝手な期待であることの方が多い。

ママと離れて3分間。

候としてのバイタルサイン（vital signs）といって，異常を発見すればただちに脈拍，呼吸，体温，血圧を測定することによって救急処置をおこなっています。一般の親が病気の知識をすべて把握することは大変ですが，ある程度の基礎的な知識をもつことや，いつもの赤ちゃんの様子と違う場合は，専門医に相談や診察を受けることが大切です。

　病気や死亡から子どもを守り，保護し，立派に生育させることがおとなに課せられた仕事です。授乳にはじまり，十分な睡眠や衣服の管理，日光浴，部屋の衛生や環境管理など，子どもが社会人としての生活のリズムを獲得するまでは，子どもの健康管理はまわりのおとなによっておこなわれるのです。子どもの健康はおとなの精神的な健康にもつながるものです。子どもの幸せは，おとなの安寧につながるものです。

　福祉社会は，赤ちゃんの健康で健全な発育からはじまるのです。

問　題

1）　赤ちゃんの誕生について考えなさい。

2）　母子相互交渉について述べなさい。

3）　「知的好奇心」はどのようにして発達しますか。

4）　赤ちゃんの疾病について考えましょう。

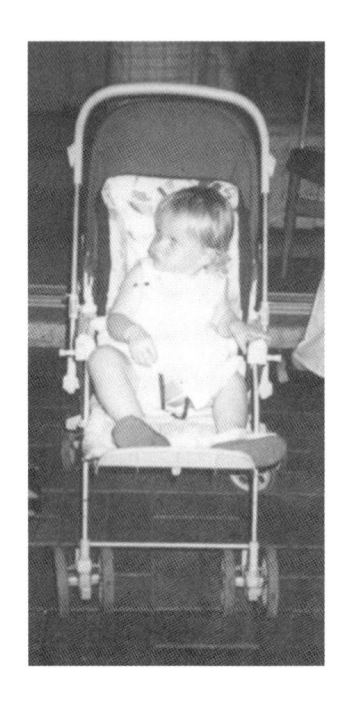

Box－3　赤ちゃんの原始反射

　赤ちゃんがもって生まれる原始反射の種類は，次のようなものである。原始反射は，子どもがこの世に生を受けてから生きていく上での大切な能力だけではなく，赤ちゃんが知的に成長するためにも欠くことのできないものである。原始反射は，大脳の中枢神経系の成熟にともなって消滅していくが，それがいつまでも残存していれば，なんらかの障害の発見につながることにもなる。

吸啜反射　口唇に物が触れると，その方向に顔を向けて吸いつく。生後6か月ぐらいまで続く。

把握反射　こぶしに触れたものを直ちに握る反射。生後まもなくの新生児が数秒間把握反射によって自分のからだを支えることが観察されている。生後3か月から4か月ごろまで続く。

モロー反射　強い音やゆさぶりの刺激を与えると，両腕を伸ばし，広げ，抱きつくような姿勢をする反射。抱きつき反射ともいう。生後1～3か月で消失する。

バビンスキー反射　足の裏をやわらかいものでなでると，指を扇のように広げる反射。生後1～3か月まで続く。

緊張性頸反射　あお向けに寝かせて頭を右か左に向けてやると，向かった側の手足がまっすぐに伸びて，反対側の手足を折り曲げるといった反射。生後5～6か月には消滅する。

Key word

原始反射
吸啜反射
把握反射
モロー反射
バビンスキー反射
緊張性頸反射

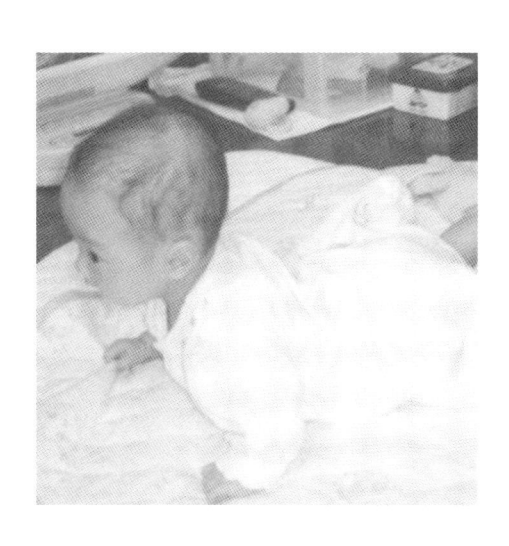

Box－3　赤ちゃんはこんなに賢い

　生後1，2年の間に，赤ちゃんは身体的に大きく成長するだけではなく，知的にも大きく成長していく。その成長の姿の多くは，よく注意して観察しなければ，外からはなかなかとらえられないものである。しかし，この間に赤ちゃんは，将来一人の知性ある人間として生きるための「知の誕生」ともいうべき成長をおこなっているのである。

　赤ちゃんの知性の領域としては，7つの領域が考えられる。「追視とものの永続性」「手段」「空間」「因果性」「物に対する活動様式」「動作模倣」「音声模倣」の領域である。

　赤ちゃんの「知の誕生」は，この7つの領域においてそれぞれの能力が成長・発達をとげ，さらに，それぞれの領域で獲得された能力が分化と協応の過程を経てさらに高次の能力を形成し，人間としての知性の源流を形成していくのである。

　その一つは，「概念」の形成に関係する「追視とものの永続性」の発達である。追視とは，物の動きを目で追う行動である。人間は情報の多くを目を通して取り入れる。それだけに，視覚情報は大切である。赤ちゃんの視覚情報の取り入れは，環境のなかの静止している物を見るということからはじまる。生後1か月を過ぎるころからである。しかし，赤ちゃんのまわりにある物は，人を含めて，静止しているものだけではない。むしろ，動いているものの方が多い。動いている物や人を的確にとらえ，見るには，赤ちゃんは「追視する」行動を獲得しなければならない。生後3か月前後である。追視を獲得し，まわりの世界を適切に見ることができるようになった赤ちゃんは，まわりの世界についての知識や情報を頭のなかに貯えていく。そして，その貯えた知識や情報に基づいてものごとを認識するようになる。そのはじまりが，生後8か月ごろに成立する「ものの永続性」といわれるものである。「ものの永続性」とは，物が視界から消えても，それは存続している，永続しているという認識である。この「ものの永続性」の成立を契機として，頭のなかで観念をつくりだすことができるようになった赤ちゃんは，次第に「概念」といわれる，人間がものごとを考えるときのもっとも大切な知的能力をつくっていく。「概念」とは，色や形が違っても，それらを同じものとして認識する能力のことである。たとえば，この赤い人形も「お人形」，この小さな青い人形も「お人形」と認識できることである。その「概念」がことばと結合して人間の知性の根幹ができあがる。

　「空間関係」の認識も，赤ちゃんの知的発達にとって大切である。赤ちゃんが環境に適応して生きていくためには，その環境がどうなっているか——たとえば，おもちゃはテーブルの上にある——を知覚し，認識しなければならない。「空間関係」の認識の発達は，生後3か月の追視行動ができたすぐあとにはじまる。赤ちゃんの目の上30センチのところに少し距離をおいて二つのおもちゃを見せると，赤ちゃんはその二つのおもちゃを交互に見る。この行動を起源として，赤ちゃんの「空間認識」がはじまる。さらに，このころ，音の空間関係についても，その方向を知覚する，音の定位についての行動もみられるようになる。

　「手段」とは，何かを手に入れるための，もっと一般的にいえば，目標に到達するための「手段・方法」のことである。「手段・方法」がなければ，問題は解決しない。問題解決のさまざまな「手段」を獲得することは，知性の重要な領域の一つである。この「手段」の獲得も，その根源は，赤ちゃんのときである。赤ちゃんの「手段」の発達は，生まれたときの反射的な把握ではじまる。生まれたばかりの赤ちゃんの手のひらを強く押すと，それを反射的に握りしめる。これは生得的な反射行動であるが，生後2か月にもなると，獲得性の行動へと発達していく。それがやがて，生後5か月では，目の前にあるおもちゃに「手を伸ばして取る」ことができるようになる。おもちゃに「手を伸ばして取る」行動——おとながつい見逃してしまうような行動——は，「手段」の発達にとっては，きわめて画期的なことである。それは，赤ちゃんの知的発達にとって二つの意味をもっている。一つは，赤ちゃんが自分から手を伸ばして取るということで，赤ちゃんの行動が能動性を増大したということである。もう一つは，赤ちゃんの行動が意図的になったことである。赤ちゃんがおもちゃに自分で手を伸ばして取るということは，もし赤ちゃんがそのおもちゃに興味をもたなければ，取らなくてもよいことになる。それまでの赤ちゃんは，おとなから手に握らされたものを握るというように受け身であった。しかし，「手

を伸ばして取る」行動の獲得によって，赤ちゃんの行動は，能動性と意図性が大きく前進するのである。

　その一つの証拠は，生後6か月ごろになると，赤ちゃんをおとなの膝の上に乗せて，おとなの膝を揺すると，赤ちゃんはその動きを感じて喜ぶ。ところがおとながその動きを止めると，今度は赤ちゃんが自分のからだを動かして，もう一度膝を揺すってくれと催促する。この催促するという行動は，能動的，意図的行動である。こんな経験をした人も決して少なくないであろう。これは，赤ちゃんの知的な発達としてきわめて大切な原因と結果との関係を理解する，すなわち，「因果性」の発達の一コマである。この時期の赤ちゃんは，原因と結果の関係を動作を通して操作的に理解するという意味で，「操作的因果性」の発達という。赤ちゃんの「操作的因果性」の発達の源流は，生後3か月ごろ，赤ちゃんが自分の手を目のところまで上げて，これなんだろうというかのごとくにそれを見ているところからはじまるのである。それは，端的にいえば，「手を上げれば，手が見える」という「操作的因果性」のはじまりなのである。

　赤ちゃんのおもちゃとのかかわりも大切な知的能力の一つである。子どもは遊びを通して発達するといわれている。赤ちゃんの物とのかかわりは，生まれたときの吸啜反射ではじまる。吸啜反射，すなわち，物が口のなかに入れば，それを反射的に吸うという生得的な能力は，赤ちゃんが食べ物を体内に取り入れ，生きていくうえで必須のものである。もし吸啜反射がなければ，食物を体内に取り込むことができず，赤ちゃんは生きていくことができない。しかし，吸啜反射は，生命の維持だけにとって必須のものではない。赤ちゃんの知的発達にとっても，きわめて大切なものである。とくに，赤ちゃんの物とのかかわり，すなわち，赤ちゃんの遊びの発達にとっても大切なものである。赤ちゃんは，吸啜行動をもっているために，手にした物を口にもっていき，それを吸うという行動をおこなう。それは，最初は，もたせると物を握る，手だけを吸うという別々の行動からはじまる。その行動ができたあと，赤ちゃんは，この二つの行動を一緒にして，——これを心理学的には協応という——手にもたされたおもちゃを吸うことができるようになる。それが赤ちゃんの物とのかかわりのはじまりである。そのあと，赤ちゃんの物とのかかわりは複雑に順を追って発達し，赤ちゃんの物とのかかわりは，生後10か月ごろになると，絵本を見る，コップで水を飲むといった社会的に認められた行動，すなわち，遊びをおこなうことができるようになる。

　人間は模倣によってさまざまな行動を獲得していく。赤ちゃんも同じである。赤ちゃんはおとなの行動を模倣してさまざまな行動を獲得していく。そのなかでとくに大切なのは，「音声模倣」と「動作模倣」である。赤ちゃんは，おとな，とくに母親の音声を模倣しながら自分の音声を獲得し，言語発達へと至る。動作の模倣も，大切である。しかも，よく観察してみると，赤ちゃんの模倣行動は，音声模倣にしろ，動作模倣にしろ，それを獲得していく過程には，易から難へと整然としたルールが存在する。

　赤ちゃんは，出生のその瞬間から，「追視とものの永続性」「空間関係」「手段」「操作的因果性」「物に対する活動様式（シェマ）」「音声模倣」「動作模倣」のそれぞれの領域において知的な発達をとげ，知の誕生ともいうべき荘厳な営みのなかで「かしこく」成長をとげているのである。

安寧：きれいな空気と水と緑。いつまで続くのだろう。

4

子どもが危ない

Key word

幼児虐待
サイレント・ベビー

「普通の・いい子」をつくる母親をつくる子。

　危ない子どもたち　この世に生を受けた子どもがすこやかに育ち，社会の一員として成長することが，社会福祉の第一歩であると述べてきました。しかし，現在の日本の子育てや子どもの成長した姿や親子関係を見ると，生まれたときからの子育てが十分になされていない現状が垣間見られます。「ゆがんだ母子関係」「幼児虐待」などが社会問題としてクローズ・アップされていると同時に，子どもの成長にもさまざまな問題やゆがみも見受けられます。この章では，現代社会のかかえるいくつかの危ない子どもの姿について考えてみましょう。

　最近，「笑わない赤ちゃん」「泣かない赤ちゃん」「サイレント・ベビー」といったことがいわれています。「サイレント・ベビー」といわれる赤ちゃんが，赤ちゃん全体のおよそ3％を占めているのです。また，幼児でも，笑ったり，泣いたり，元気に暴れ回ったりしなければならないのに，それらの行動を示さない無表情で一種の病的なおとなしい子どもも多くなっているというのです。

　小学校にはいると，いじめや不登校，校内暴力，家庭内暴力，自己抑制がきかず衝動的に行動する子ども，ちょっとしたことで「キレる」といった子どもの姿もみられます。さらには，小学校においてクラスの授業がなりたたない学級崩壊といった問題も起こっています。もちろん，これらは，すべての子ども，すべての学校で起こっている問題でないことは，当然のことです。しかし，それが一部のごく限られた現象として見られるとしても，それらの問題行動が親子関係を含む現代日本社会の反映であることはまぎれもない事

実です。

現代社会と子どもの危機　これらの子どもあるいは問題行動が生まれる背景には，社会環境の変化という現代社会がかかえるさまざまな問題があります。少子化，情報が乱れ飛ぶ情報社会，物が溢れる物質社会の豊かさとそれに対する欲望，その一方でおこる人間関係の希薄化と孤立化，倫理観の喪失と経済優先の社会，日本的終身雇用の終焉，さらには，人口の高齢化などなど，子どもを取り巻く環境はかつてとは大きく異なっています。

とくに核家族化は，若い夫婦の親からの独立と自立を促したけれども，親から子育てを伝承されない若い夫婦が，自分たちの力だけで子育てをおこなわなければならない状況をつくり出しました。偏差値教育や競争社会，さらには，テレビや新聞，あるいは，人を通して伝えられる子育て情報の氾濫は，子育て中の若い親を悩ませるものとなっています。このような社会環境のなかですこやかでしっかりとした子育てをおこなうことは，必ずしも，容易なことではありません。

日本経済新聞社から『2020年からの警鐘』と題する全三巻の本が出版されています。そのなかで，戦後60年の教育の負の遺産ともいうべきさまざまな現象が噴出している姿が述べられています。最近多い不登校やいじめ，学歴信仰がつくりだしたゆがんだ理想，おとなびたさめた人生をクールに語る小学生，国際化とはいいながら門戸を閉ざす日本の教育。日本の教育がまさしく危機的状況にあることを，さまざまな調査やデータ，識者の提言を交えて語っています。

ある精神保健研究所の医師は，現代の少年や若者に共通してみられるものは，人間関係のつくり方が下手で，精神的にもろいということです。たわいのないと思われる理由で自信を失い，燃え尽きるように落ち込む。ほんのささいなことで憂うつになる者が確実に増えているというのです。

それでは，子どもの将来の夢はどうであるか，についての，小学生から高校生の調査をみてみると，小学6年生の「やってみたい職業」は，男子が一位，「すし職人」，二位「コンピューター設計技術者」，三位「ペットショップ店員」，九位「医師」，女子は一位「ペットショップ店員」，二位「ファッションデザイナー」，三位「保育士」，十位「医師」，中学生「プロスポーツの選手」「美容師」「医師」，高校生「地方公務員」「小学校の先生」「医師」「一流企業のサラリーマン」となっています。これを75年と比較すると，子どもが最もなりたい職業の一位「プロ野球選手」，次いで「科学者」「野球の監督」「パイロット」「宇宙飛行士」です。この20数年間に子どもの夢がかなり変化していることがわかります（子ども資料年鑑，2005）。

さらに，子ども調査研究所の所長の言として「僕はなんのとりえもないから」「頑張っても駄目だよ」とさらりと言ってしまうのが最

さめた目で人生をクールにながめる。それが画家というものだ。

とりえがないのがとりえである，は本当か？

夢と現実というが，今が夢でないなんて誰が証明できるの？

Key word

児童虐待

近の子どもの特徴であるというのです。その所長は「勉強もスポーツも，まわりのなかで自分の順位をよく知っているからそこから飛躍しようとしない」といって苦笑するのです。

さらに，外国から留学している学生は，まわりにいる日本の大学生の姿を見て，「きちんと将来への夢をもって努力している学生はほとんどいない。考え方も幼く，日本の大学生は子どもに見える。日本の将来が本当に心配になる」と述べています。

ここで取り上げたことは，現在日本のなかで起こっている子どもの姿のごく一部にすぎません。登校拒否やいじめ，校内暴力といった新聞やテレビが伝える報道の裏には，日本の将来を左右しかねない広い裾野をもった「子どもの危機」があるとみなければなりません。

増える児童虐待　「子どもの危機」は，親による「児童虐待」というかたちでも現れています。「4歳児せっかん死」。4歳の子どもが入浴中に具合が悪くなったとして病院に運ばれたが間もなく死亡したという新聞記事がありました。その子どもを診察，解剖した結果，骨が折れて，全身に殴られたあとがあり，死因は打撲によるものと判定され，両親はせっかん死させたとして，傷害致死の疑いで書類送検されたというのです。こういった児童虐待は目につく新聞記事だけではなく，記事にならないものも数多く起こっています。

しかも，このような児童虐待は，増加の一途をたどっているのです。図4−1は，厚生労働省の調査による，平成10年から平成19年までの児童相談所の虐待相談処理件数の推移を示したものです。その増加数は，10年前の5.9倍にのぼります。平成19年の虐待の内容は，「身体的暴行」が40.1％，衣食住や健康状態を放置する「保護の怠慢・拒否」が37.9％，心理虐待が18.8％，性的虐待が3.2％です。平成15年〜平成17年に虐待によって死に至った子どもは，123

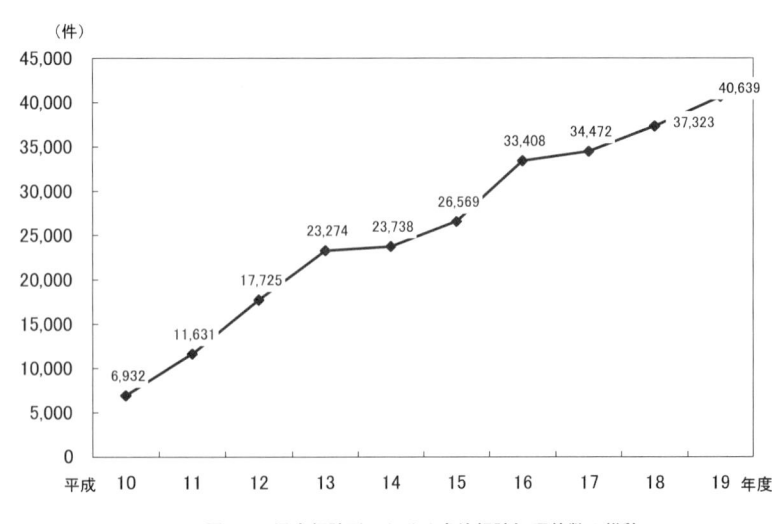

図4−1　児童相談所における虐待相談処理件数の推移

（資料：厚生労働省「社会福祉行政業務報告結果の概要（福祉行政報告例）」）

名です。

　さらに、被虐待者を年齢別にみると、0〜3歳未満は7,422人（18.3％）、3歳〜小学生が最も多く25,226人（62％）です。

　児童虐待は幼い子どもだけではありません。宮城県のある町で父親から虐待を受けたのは、17歳の少女でした。その少女は児童相談所に助けを求めましたが、相談所が保護しなかったために、父親によってさらに虐待が続き、着衣に火をつけられるといった虐待を受け、一時意識不明の重体に陥りました。

　虐待まで至らなくとも、無視される子どももいます。本章の冒頭に述べた「サイレント・ベビー」や「笑わない子ども」は、おそらく、子どもの求める行動に対して応えない、無視された結果として生まれたと考えられます。

　このように考えてくると、「危ない子どもたち」が育つのも、子どもに対する親の虐待・無視も、結局は親子関係のあり方、あり様にあると思います。幼いときからの、いや乳児のときからの親のかかわりが子どもの成長を決定する大きな要因であるといえます。

　コンピテンス　それでは、21世紀の新しい世紀には、どんな人間を育てなければならないでしょうか。21世紀の新しい世紀には、どんな人間が求められるでしょうか。それには、どんな子育てや親子関係が大切でしょうか。

　これからの時代を生きる人間にとって大切なものは、コンピテンスをもった人間であると思われます。コンピテンスとは、英語のcompetenceということばで、辞書をひくと「能力」と書かれています。しかし、コンピテンスの意味する能力とは、単に「何かができる」ということではないのです。これからの時代を生きる能力、すなわち、コンピテンスとは、何かができることはもとより、自ら行動する意欲、自発性、さらには、他者に対する信頼感、正しい価値観、行動の基準をもつものでなければならないのです。

　これからの人間は、人格の根底に正しい価値観、他者に対する信頼の情をもち、その上に立って自ら行動する意欲と自発性をもち、さらに知識や技能といった能力をもつものでなければなりません。それがこれからの社会が求める能力、コンピテンスなのです。新しい世紀を生きる子どもたちは、まさしく、コンピテンスをもった人間へと成長しなければならないのです。

　それを解く一つの重要なキーワードが、「応答」ということです。「応答」とは、子どもの求める行動に対して、環境から反応が返ってくることです。親や先生が反応を返してやることです。子どもの求めに対して環境から反応が返ってくれば、子どもの欲求は充たされ、その充たされた気持ちがもう一度おこなってみようという気持ちをつくっていきます。子どもの自発性や意欲といったものは、このような応答的な環境のなかからつくられていくものなのです。さらに、応答的な環境は、それが親や先生であれば、親や先生に対する信頼感をつくっていくことになります。親や先生が応答的に対応するこ

Key word

サイレント・ベビー
笑わない子ども
コンピテンス
能力
応答

おとなに囲まれて。
無視の反対語は愛です。

とによって，子どもは「お母さんは信頼できる」「先生は頼りになる」といった気持ちをもつようになります。この気持ちが他者に対する信頼感へと深まっていきます。もちろん，応答的な環境によって能力をも培われていきます。子どもの求めに対して環境から反応が返ってきたことは，子どもにとって問題が解決したことです。それが知識の獲得や技能の増進へとつながっていくのです。

　一見平凡な「応答的な環境」，これこそ，知識や技能，意欲や自発性，さらには他者に対する信頼感をも培う，知，情，意の三位一体にわたるコンピテンスをもった子どもをつくる，もっとも大切な環境なのです。とくに，子どもが幼ければ幼いほど，「応答的な環境」は大切なものとなってきます。

　おそらく，はじめに述べた，サイレント・ベビー，笑わない子ども，表情の豊かでない子ども，走り回らない子どもといった子どもは，このような子どもの行動に対して，それに応じて反応が返ってこない非応答的な環境のなかから生まれたものであるということができましょう。

　「危ない子どもたち」。それは現代社会の一つの縮図です。とくに現代社会における親子関係のあり様が，このような子どもたちをつくっているのはまぎれもない事実です。これらの子どもたちは，現代社会で育つ全体の子どもからすれば，ごく一部でしょう。しかし，福祉社会とは，障害のある子ども，病弱な子ども，虐待される子どもはもちろんのこと，その社会で生きるすべての子どもがその潜在的能力を十分に伸ばし，一人一人が健康で健全な，能力と意欲と他者に対する信頼感をもった人間として育っていく社会でなければなりません。

　その子育てのキーワードが，まさしく，「応答」なのです。

干渉と応答はまったく別ものです。

「行ってきます！」「狼に気をつけてね」。これ応答。

一見平凡な日常的な応答的環境

問　題

1) 子どもの就きたい職業観は，20年の間にどのように変化しましたか。

2) 児童虐待について述べなさい。

3) コンピテンスについて述べなさい。

4) 「応答的な環境」とはどんな環境でしょうか。

Box − 4 「応答的保育」

「応答的保育」とは，アメリカの発達心理学者，J. マックビカー・ハントの「対応の問題（the problem of matching）」に基づいて 20 年にわたって，わたくしたち著者が保育園，幼稚園の先生たちと一緒に研究し，つくりあげてきた保育である。

子どもの成長・発達は，子どもと環境の相互交渉を通して発達する。すなわち，子どもが環境に働きかけ，それに対応して環境から働きかけられるなかで，成長・発達はおこなわれる。これを「相互作用」の発達理論という。「相互作用」の発達理論は，スイスの心理学者，ジャン・ピアジェにはじまり，それが大西洋をわたってアメリカにわたり，ハントによって環境を重視する「相互作用」の発達理論として開花していった。

環境を重視する「相互作用」は，きわめて教育的意味をもっている。ハントは，その「相互作用」の発達理論に基づいて，環境からの刺激が子どもの能力よりも少し高いとき，言い替えれば，適度の「適切なズレ」をもっているとき，子どもはその刺激に対して能動的にかかわり，問題を解決するという教育理論，すなわち，「対応の問題」を提起した。

しかし，実際の保育や教育の現場で子どもの能力よりも少し高めの刺激や課題を与えるといっても，現実には決して容易ではない。「対応の問題」は，理論としては正しいとしても，それを教育の現場で実際におこなうには，「言うに易く，行なうに難し」である。

しかし，この問題を別の観点から考えてみると，問題は容易に氷解する。子どもが環境に求めるものは，自分の能力に「見合った」ものである。たとえば，質問一つとっても，子どもが先生に親に質問するものは，自分で理解できそうでわからない，といったものである。自分の能力以上のものは，尋ねようにも尋ねるすべがない。したがって，子どもは能力よりもはるかに高いもの，すなわち，「過大なズレ」をもったものに対しては，環境に求めることはしない。反対に，自分が完全に知っているもの，わかっているもの，「過小のズレ」をもったものに対しても，環境に求めることはしない。

言い替えれば，子どもが環境に対して求めるものこそ，ハントの言う「適切なズレ」をもったものである。このことから，子どもが環境に対して求めるものに対して環境からきちんと反応を返すことがもっとも大切である，という思想が生まれてくる。子どもの行動に対して環境から返ってくる反応が「応答」である。「応答的保育」とは，実際の保育のなかで，子どもの行動に対してきちんと「応答」を返すという保育である。あるいは，環境に対して求めない子どもに対しては環境の方から働きかけ，子どもの行動を促す保育である。しかし，それはなにも保育園や幼稚園の保育だけに適用されるものではない。それは当然のことながら，家庭教育や家庭の子育てにおいても等しくいえるものである。家庭において応答的な教育，養育をおこなうとき，「応答的養育」「応答的教育」といってよいであろう。

子どもが働きかける環境は，大きく二つに分けて考えることができる。一つは，物やおもちゃといった物理的環境である。もう一つは，保育者や母親といった人による環境である。「応答的保育」においては，物理的環境としての応答性については，子どもがおもちゃや物と活発な相互交渉としての遊びを実現するような環境をつくることである。保育者や母親といった人による環境は，とくに「ことばによる応答」が大切である。子どものことばや行動に対して，保育者や母親が態度や表情をまじえながら，いかにことばによって「応答する」かである。その応答のよし悪しが子どもの成長・発達に大きく影響するということである。

「応答的保育」においては，子どもの行動や発話に対する保育者の対応を大きく三つのカテゴリーで考える。一つは，『受容』である。子どもの行動や発話を「くり返し」や「肯定」「賞賛」などで受け入れることで，子どものこころは満足し，行動への動機づけをつくっていく。子どもの自発性や意欲といったものは，保育者のこのような対応から生まれるものである。もう一つの対応は『過程』である。保育者が子どもと対応するとき，子どもに「説明」をしたり，子どもの発話のたりないところを「補足」したりして対応する。「発想の転換」もその一つである。これらの『過程』による対応によって先生と子ども，親と子どもの対話はふくらみ，子どもの思考は深まり，広がるのである。もう一つは『発問』である。子どもに『発問』することで，子どもの自発

性と思考を啓発しようというものである。

　「応答的保育」は，子どもの発話や行動に対して，環境としての保育者あるいは母親，その他のおとなが『発問』『過程』『受容』でダイナミックに対応することで，子どものことばをはじめとする知的能力，意欲や自発性，さらには，他者に対する信頼感を培おうとするものである。21世紀における人間は，知的能力はもちろんのこと，自ら行動する意欲や自発性をもち，他者を信頼する人間性をもつ者がもっとも求められるものとなるであろう。

安寧であること。だが，過去には戦火を交えたかも知れぬ。

5

補償か，予防か

Key word
ヘッド・スタート計画
ハント

知識をつかっているのか，それとも知識の機能をつかっているのか

ヘッド・スタート計画 1965年，アメリカ合衆国で貧しい環境で育つ幼い子どもの発達を保障するための教育として「ヘッド・スタート計画」が発足しました。「ヘッド・スタート計画」は，心理学の学問的成果，人間平等への倫理観，アメリカ社会の求める教育現場の現実的要求が重なって生まれたものでした。

心理学においては，それまでの100年の歴史のなかで子どもの成長・発達は，遺伝によって固定されているという考えで支配されていました。とくに，知能，すなわち，端的にいえば，頭のよし悪しは遺伝的なもので，生まれたあとそれは変えがたきものであると考えられてきたのです。もしその心理学の学説が正しいとすれば，貧しい家庭環境，社会環境で育つ子どもが小学校に入って学校の授業についていけないのは，その遺伝的能力のためであるということになります。

1961年，アメリカの発達心理学者，J. マックビカー・ハント（Hunt, J. McV.）は，『知能と経験』という一冊の本を著わし，人間の知能は遺伝的に固定されたものではなく，環境，とくに幼い環境によって大きく修正されることをあらゆる学問的成果を駆使して証明しました。

これは，それまでの心理学の知能観を一変させるものでした。この本の学説にしたがえば，貧しい環境に育つ子どもの低い知的能力は決して遺伝的なものではなく，その貧しい環境がつくったことになります。この新しい知能観の出現が「ヘッド・スタート計画」をスタートさせた学問的要因でした。

もう一つの要因は，教育現場からの要求でした。貧しい環境で育つ子どもの低学力，ヤル気のなさはなんとかならないかという教師たちの切実な要求でした。

　さらに，この二つの学問的成果と教育現場の要求を支え，「ヘッド・スタート計画」の実現へと推進したのが，「人間は生まれながらにして平等である」というアメリカ社会のもつ建国の精神でした。この三つの学問的成果と現実的要求，アメリカ社会のもつ倫理観が一つになってアメリカ社会においてかつてない新しい教育としての「ヘッド・スタート計画」を発足させたのです。それは，この世に生まれてきた一人一人のすべての子どものもつ潜在的能力を十分に開花させ，その社会で生きる資質を獲得させるという「福祉」の精神に基づくものでした。

　補償教育　「ヘッド・スタート計画」は，「補償教育」であるといわれています。「補償」とは「補う」ことです。このことから，「補償教育」とは，「失ったもの」を補うというものです。それでは，この貧しい子どもたちは，その成長の過程で何を失ったのでしょうか。この子どもたちは，潜在的能力をもって生まれたにもかかわらず，その貧しい環境のためにその潜在的能力を十分に伸ばしえない状況にあるのです。その伸ばしえないで失った能力を教育の力によって「償う」すなわち「補償」しようとするのが「ヘッド・スタート計画」の基本的な精神であったのです。それゆえに，「ヘッド・スタート計画」は，「補償教育」といわれました。「ヘッド・スタート計画」は，国家的な規模でおこなわれた幼児教育の「社会福祉政策」でした。「ヘッド・スタート計画」は，4歳になった貧しい環境の子どもたちに3か月から6か月，あるいは，1年にわたって特別に読み書き算などの教育をするというものです。日本でも放映されている「セサミ・ストリート」は，「ヘッド・スタート計画」の一環としておこなわれているものです。

　しかし，「ヘッド・スタート計画」は，必ずしも成功したとはいわれませんでした。この計画の対象になった貧しい子どもたちが小学校に入っても，他の中流階層の子どもたちのようには学力が伸びなかったのです。あるいは，学力がかなり伸びても，小学校3学年ぐらいになると，「ヘッド・スタート計画」に参加しなかった同じような貧しい子どものもつ学力のレベルまで低下したのです。このことから「ヘッド・スタート計画」としての「補償教育」は，子どもが小学校の3年になるまで延長されました。

　予防か，補償か　「ヘッド・スタート計画」は，子どもの発達の遅れを償う「補償教育」でした。遅れた能力を伸ばし，償うことによって，その子どもたちを将来，社会の主流として参加させ，豊かな社会生活を送らせることでした。その意味で，「ヘッド・スタート計画」は，アメリカ合衆国が国家的規模でとりくんだ社会福祉政策プロジェクトであったのです。

Key word

補償教育

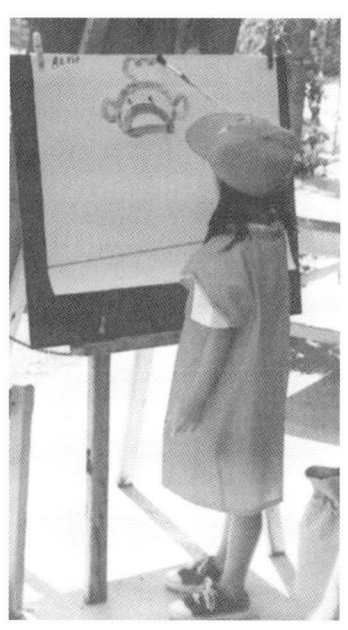

頭から描きはじめましたね。

手形はあなたの人格の発露である。

Key word
予防教育
治療

しかし、「ヘッド・スタート計画」は、十分な成果をあげることができませんでした。その理由の一つは、「子どもの発達を補償する」というところにあったのです。端的にいえば、「失ったものを取り戻す」ということは、決して生易しいことではありません。いったん失った発達の遅れを取り戻すことは、並大抵の努力ではできないことでした。子どもが4歳になったとき、3か月か6か月の特別の補償教育で、その子どもが生まれてから4歳になるまでに失ったものを取り戻すことは容易なことではなかったのです。

そのことから、ハントは、「予防」という概念を導入しました。貧しい環境で育つ子どもたちのための「予防教育」とでもいうべきものです。「予防教育」とは、貧しい環境の子どもたちが生まれたときから発達の遅滞が起こらないように、その予防としての手立てをするというものです。

人類の疾病に対する医学の歴史は、いったん病気になったとき「その病を治す」ということからはじまりました。「治療」という概念もそこから生まれたものです。しかし、人間が健康であることの大切さは、いったん病気になったとき、それを治療することも大切ですが、それと同時に病気にかからないような、病気に対する「予防」を日頃から心がけ、それに対する対策を考えておくというものです。「予防医学」はこのようにして生まれました。

ハントが考えたのは、まさしくこのことでした。貧困な環境で育った子どもがいったん発達上の問題を起こし、しかもそれが長い期間にわたるものであれば、その回復には多くの困難がともない、多くの努力を必要とします。「ヘッド・スタード計画」は、「補償」が中心概念でした。しかし、本当の意味では、発達上の問題を起こす子どもにとっては、「補償」よりも「予防」、すなわち、発達上の遅滞や問題を起こさないようなケアを生まれたときから考えることです。すなわち、「予防」を講じることです。生まれたときから発達上の遅滞や問題を起こさない子どもに育てるためには、母親をその子どもの良き「教育者」となるように教育することでした。このようにして、アメリカ合衆国のなかに「親子センター」がつくられたのです。ある「親子センター」では、貧困な母親を教育し、その母親から育てられた子どもの発達と、中流階層の母親から育てられた子どもの発達の比較がおこなわれました。その結果、「概念」の形成にとって大切な「ものの永続性」の発達は、中流階層の母親に育てられた子どもに比べて貧困な母親に育てられた子どもの発達がすぐれていたのです。

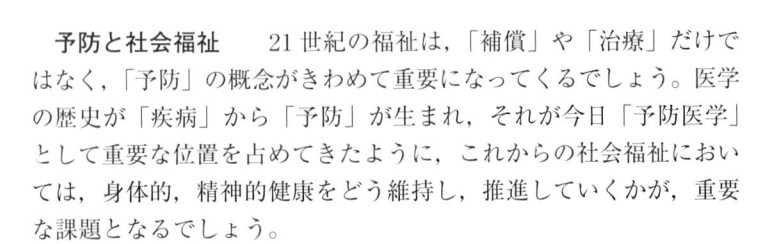

予防と社会福祉　21世紀の福祉は、「補償」や「治療」だけではなく、「予防」の概念がきわめて重要になってくるでしょう。医学の歴史が「疾病」から「予防」が生まれ、それが今日「予防医学」として重要な位置を占めてきたように、これからの社会福祉においては、身体的、精神的健康をどう維持し、推進していくかが、重要な課題となるでしょう。

機会が無条件に均等に与えられているか？

20世紀は，障害者や高齢者，虐待される子ども，疾病をもった人といった，いわゆる，社会的弱者といわれる人たちのケアを中心に社会的な福祉がおこなわれてきました。もちろん，これらの問題は，21世紀にはいっても，ますますその重要性を増大していくでしょう。しかし，それと同時に，これからの福祉は，さらにその領域を広げ，あらゆる領域における「生活の質」の向上という問題にも大きく目を向けていくことになるでしょう。

　朝，公園を歩くと，ジョギングやウォーキングしている人の姿を見かけます。また，プールやジム，エステに通う男性や女性も増えています。これらの人たちは，「予防」という概念で包摂できるような行動をとっているのです。加齢になるにつれて，それらの人たちの間では，定年後の「生き方」が模索され，どんな「生き方」をすればよいかが真剣に求められています。その人にとって生き生きとした健全な「生き方」こそ，まさしく，「こころの福祉」なのです。21世紀の社会保障は，医学が「治癒」から「予防」への道をたどったように，アメリカにおいて貧しい子どもたちの幼児教育が「補償」から「予防」へと進んでいったように，「補償」や「治療」から「予防」へ，さらに，あとで述べる「保健」へと，心身の健康の維持，増進へと多くの目が注がれなければならないのです。

Key word

QOL

真剣に求めよ。さらば与えられん，とも限らず。

問　題

1) 「ヘッド・スタート計画」の精神と「福祉」の関係について述べなさい。

2) 「ヘッド・スタート計画」が「補償教育」といわれるのはなぜですか。

3) 「補償」から「予防」へ，について考えてください。

4) 「福祉」にとって「予防」という概念はどうして大切ですか。

朝，大学の構内で。エクササイズ。

Box－5　学問と福祉と－J. マックビカー・ハントの挑戦

　学問は，究極には，人間のしあわせと幸福のためにある。しかし，これまでの歴史が示すごとく，科学や学問が必ずしも人間の幸福や社会の進歩に寄与したとは限らない。むしろ，人間の幸福や安寧，社会の前進を阻害することも起こる。しかし，そのなかで，アメリカの心理学者，J. マックビカー・ハントは，心理学の分野において「学問と福祉」「学問と人間のしあわせ」を学問的に実現した人である。

　心理学は，長い間，人間の知能は遺伝的に固定されたものであると信じていた。知能遺伝説の歴史は，進化論のチャールズ・ダーウィン（Darwin, C.D.），その従弟，フランシス・ゴールトン（Galton, F.）にさかのぼる。1860年代のことである。ゴールトンは心理学者ではなかったけれども，能力の遺伝的継承に深く興味をもち，二つの異なる家系集団を調べて，社会的に著名な政治家や文学者や科学者といわれる人たちが，他に比較して一方の家系集団から輩出していることを知り，能力は遺伝すると主張し，『遺伝的天才（1869）』という本を著わした。

　さらに，1900年になると，エンドウ豆によって遺伝のメカニズムを解明したオーストリアの植物学者，ヨハン・メンデル（Mendel, G. J.）の研究が広く紹介され，遺伝を主張する考えはさらに強まっていった。20世紀にはいると，1905年，フランスのアルフレッド・ビネー（Binet, A.）によって「知能検査」がつくられ，そのビネー知能検査は，大西洋をわたってアメリカに伝えられ，その「知能検査」のもつ意味は，ビネーの意に反して，遺伝的能力を測定するものとして考えられていったのである。さらに，発達についても，アーノルド・ゲゼル（Gesell, A. L.）に代表されるように，内的な成熟が発達を決定するという成熟優位の発達観が心理学の大勢を占め，20世紀への中葉へと進んでいく。いまも，知能は遺伝によって決定されるという信仰は，なくなってはいない。

　一方，教育の現場では，貧困な階層の子どもは，小学校に上がっても，学校の授業についていけず，学習に対する興味もなく，親をみれば親も怠惰で，能力はなく，その子は親の遺伝を引きずっていると考えられたのである。学校の授業がわからず，怠惰で，学習に対する興味や集中力がないのは，遺伝的素質によるものであるとすれば，その能力を伸ばし，それを助けるという教育思想は生まれてこない。これらの子どもたちは，知能は遺伝するという心理学の思想のなかで，まさしく，見捨てられ，放置されてきたのである。

　その伝統的な知能観，発達観を綿密な科学的証拠のもとに覆し，形成的知能観ともいうべき革命的な新しい知能観を確立したのが，J. マックビカー・ハントである。ハントは，子どもの知能や発達，さらに動物に対しておこなわれた膨大な証拠を綿密に検討し，人間の知能は，決して遺伝的に固定されたものではなく，環境，とくに幼いときの環境によって大きく修正されることを学問的に証明し，貧困な階層の能力の解放をおこなったのである。それは，まさしく，貧困な人たちの人権の確立であった。ハントは次のように述べている。

> 　貧困に対する新しい展望が拓けようとしている。ここ20年前までは，貧困な状態におかれた者は，まさしく，生まれながらにして無能で，愚かで，怠惰で，無責任であると考えられていた。常に貧困な状態にある子どもは，5歳か6歳で学校に上がったとき，すでにこのような特徴が認められた。この子どもたちは，知能テストを受けても，そのIQは低く，学校で勉強する気持ちもなく，先生の話にはほとんど耳をかすことはなかった。さらに，かれらは自分を律することもできなかったのである。要するに，この子どもたちは，このときすでに親のもっているインコンピテンス（能力のなさ）の兆候をあらわしていたのである。このように非常に幼いときからインコンピテンスを示す兆候が貧困な家庭の子どもにすでに存在していることから，この子どもたちは，無能で，愚かで，怠惰で，無責任な親の遺伝的特質を受け継いでいると考えられたのである。
> 　　　　　　（ハント著，『乳幼児教育の新しい役割－その心理学的基盤と社会的意味』1969）

　（人間の）知能は遺伝によって固定され，（子どもの）発達は生まれたときからすでに決まっていると

いう考えは，もはや支持できるものではない。…知的能力が発達していく速度を速め，より高度なおとなのレベルに到達させるために，とくに生後数年の発達において，子どもにどのような環境との出会いを経験させたらよいかの方法を発見することができるようになったのである。…大多数の人びとの知的能力のレベルを向上させる方法を見出すことが合理性をもつという事実は，わたくしたちがなにをなすべきかの挑戦的な課題を与えるものである。それはまさしく，行動科学がその理論的な貢献だけではなく，偉大な社会的貢献としての機会均等への挑戦でもあるのである。

(ハント著『知能と経験』1961)

　一つの研究がその時代の精神，「時代精神（Zeitgeist）」をつくることなどほとんどない。ハントの知能遺伝説を覆した革命的名著，『知能と経験』は，アメリカ大統領によって貧困階層の子どもの発達を補償する「ヘッド・スタート計画」へと発展し，その時代精神をつくっていったのである。学問的真理が，まさしく，「人間のしあわせ」と人類の進歩に貢献した一つの例である。学問は「福祉」のためにある。

安寧であること。

6

暴走する若者

Key word

いじめ
不登校
校内暴力
家庭内暴力
キレ
殺人
プチ家出
家出
恐喝

暴走する若者の生態　戦後大きな経済成長をとげた日本においていま大きな社会的関心の的となっているのは，豊かな現代社会で生きる一部の若者の姿です。それは，50年以上にもわたる戦後教育の負の遺産として，あるいは，物質的な豊かさがもたらした心の荒廃として，21世紀のこれからの健全で豊かな，生きがいのある社会をつくりあげていくには，わたくしたちが解決していかなければならない重要な問題であるといえます。

いじめや不登校，校内暴力，家庭内暴力といった行動や，さらにはちょっとしたことで「キレ」，殺人に至るといった衝動的行動は，物質的な豊かさの社会のなかの社会病理現象としていま大きな注目を集めています。さらに，2003年度の小中学生の病気や経済的理由を除いた不登校数は，全国で13万人弱にものぼり，とくに中学生に至っては，およそ41名に1人が不登校です。

若者，とくに中学生や高校生の間で「プチ家出」がみられます。新聞の伝えるところによると，ある中学校では夏休みの間に友人宅を転々とし，「プチ家出」をした3年生の生徒は，全体の1割にのぼることが報告されています。「プチ家出」は，昔いわれていた「家出」という悲壮感はなく，ちょっと数日か1週間外泊するといったものです。家との連絡も携帯電話が使われ，親によっては子どもの外泊をそんなに深刻に心配していないのです。社会における価値観の揺らぎのなかでの「中高生の外泊　ルールの崩壊」と報じています。

中学生のいじめや恐喝も数多くみられます。数名の中学生が一人

の中学生から1年間にわたって5,000万円以上の金を恐喝し，飲食，ゲームセンター遊び，タクシー代などに湯水のように使っていたことが報道されています。しかも，いじめられた中学生は，暴行され入院している病院にまでも押しかけられ，500万円もの大金をとられたのです。あるいは，ホームレスを公園で殴る，蹴るの暴行を加え，死に至らせたこともあります。また，世間を震駭させたバスジャック事件など，まさしく，暴走する一部現代の若者の姿です。

1986年，昭和61年2月，ある中学2年生の子どもが「葬式ごっこ」のいじめにあい，遺書を残して自殺をしたのを契機に，社会は学校における子どものいじめの姿に大きな関心を寄せるようになりました。いじめは，いじめられた子どもに大きな精神的な傷を負わせるだけではなく，その子どものように自殺に追い込むこともあるのです。そのあと，いじめによる自殺と思われる事件が次々とおこりました。

非行許容度―国際比較 このような若者の行動は，国際的にみてどうでしょうか。中里ら（1997）は，アメリカ，トルコ，中国，韓国，日本などの5か国の若者の国際比較をおこなっています。それによると，他の国の子どもに比べて，日本の子どもの気になる「異質性」が指摘されています。たとえば，日本の子どもは，愛他性が低く，非行に対して許容的な態度をとり，物質中心の価値観をもち，親子関係も他の国の親子関係と比較して非常におもわしくない，というのです。しかも，この国際比較研究は，1980年代の末と90年代にかけて5年の間隔で2回おこなわれましたが，その結果は，日本の子どものもつ「異質性」は，増大しているようです。

この調査の内容は，非行許容性や自制心，問題行動など個人的要因，母子関係，父子関係などの家庭要因，友人関係，教師への信頼感などの学校要因，社会満足度，学校外非行・犯罪の見聞の社会的要因など多岐にわたっています。

非行許容性というのは，非行は悪いことではないと考えていることです。したがって，非行許容性が高ければ，それまでに非行歴がなくても，ちょっとしたきっかけがあれば，非行をする可能性が高いと予測することができます。

非行については，重い非行と軽い非行で調べています。

重い非行とは，窃盗，傷害，薬物使用などをいいます。5か国全体の平均，あるいは，日本の中学，高校生も，これら重い非行に対する許容性は低くなっています。しかし，日本の若者は，「たばこ」「酒」「ポルノ」「夜遊び」「学校をさぼる」「異性と泊まる」といった軽い非行の許容性が高くなっているのです。

軽い非行について「たいしたことではない」と答えた割合を見ていくと，どこの国でも重い非行許容性に比較して全体的に高くなっています。最も高いのはアメリカで，次に，日本と韓国が高くなっています。とくに，日本の若者で高いのは，「エロ本やポルノ映画を見る」と「異性の友達と二人で泊まる」です。性に対する許容性が

Key word

異質性
愛他性
非行許容性

Key word
日本の若者の価値観

とくに高いといえます。

道徳意識・価値観は… この研究では，5年間にどのような変化があったかをみていますが，それによると，重い非行の許容性はたいした変化はみられませんが，軽い非行の許容性が大きく変化しています。とくに，「エロ本やポルノ映画を見る」と「異性の友達と二人で泊まる」「学校をさぼる」「夜遊び」で悪い方向に大きく変化しています。これらの結果から，日本の若者がすぐに犯罪に結びつく可能性があるということではないにしても，これが何らかの引き金になって，犯罪につながる可能性もあるということが危惧されるということです。

その他，道徳意識の変化をみてみると，「人にうそをつく」「学校の先生のいうことをきかない」「親のいうことをきかない」ことがよくないと思う若者が減少していることは，道徳的な意識の低下を意味しています。

さらに，人間関係についてみると，「友だちとうまくやっていけない」「皆から孤立している」といった項目が増加しており，人間関係の希薄さが目立っています。このことは，学校への不登校とも関係し，「学校に行きたくないことがある」で，中学生40.6％，から46.3％へ，「いじめが悩み」で2.8％から4.5％へと増加し，人間関係が悪い方向に進んでいることは明らかです。

日本の若者の価値観について，いくつかの質問が与えられています。その一つは「人生は自分のことではなく人のことを考えることが大切だ」ということです。これによると，アメリカ，中国は9割，8割の若者がそうであると答えたのに対して，日本の若者は他者中心の傾向が低く，3割がそうであると答えています。このことは自己中心の傾向が強いということを意味しています。さらに，「皆が幸福にならなければ個人の幸福はない」も低いのです。このことは共同体を重視するよりも個人の生活を重視するということです。

次に，日本の若者で「お金が何より大切だ」といった質問に対して，およそ40％がそう思っているのですが，これは，ほかの4か国に比較してかなり高い数値です。このことから，物質主義の傾向が強いと考えられます。かつては，「武士は食わねど高楊枝」といっていた精神主義にまったく反対の若者が育っていると言えそうです。また，「人生は運に左右されることが多い」といった，外的な統制による成功が多いと考える若者が多く，「今よりも将来のために努力する」という項目の将来志向は低く現在志向の傾向が強いと考えられます。

これらの結果から，あるいはこういった若者の価値観をみていくと，自己中心に，個人生活を重視する，物質主義で，外的な統制におもねり，未来志向ではなく現在志向であるということがわかります。このことは，世界の若者に比較して「異質な日本の若者」が育っており，世界のなかで活躍できる若者が育っていない，と考えられるのではないかといえるでしょう。

ベトナム反戦デモの頃の若者(アメリカ)。ベトナムに平和がなければアメリカに平和はありえない，という論理。

社会の教育力　少年による5,000万円恐喝事件をはじめ，青少年による凶暴な事件が，社会を驚愕させるかたちで報道されています。「人を殺す経験をしたかった」から，一面識もない，通りすがりの家に侵入し，殺人を犯した少年の新聞報道の翌日には，高速バスをバスジャックして高速道路を逃走させ，あげくのはてには，乗客の一人を死に至らしめ，さらに数名の乗客に傷害をおわせ，恐怖のどん底におとしいれるといった，凶悪な犯罪が紙面を飾ることがありました。まさしく，暴走する若者の姿です。

このような凶悪な犯罪，あるいは，新聞やテレビの報道しない数多くの青少年による事件の背景には，さまざまな要因があると思われます。その少年が生まれ育った家庭環境もあるでしょう。さらに，学校教育のもつ問題，その子どもの交遊関係といったものもあるでしょう。いじめや校内暴力といった学校での問題がおこると，マスコミといわれる報道機関は，こぞって学校当局の責任を追及します。一つ一つの事件が起こった背景には，さまざまな要因が関係し，学校教育もその責任の一端は免れることはできないでしょう。あるいは，その子どもの幼いときの子育てや家庭における人間関係の問題もあるでしょう。あるいは，悪い仲間に引きずりこまれて，犯罪を犯すといったこともあるでしょう。しかし，それらの要因のもっと奥には，社会全体の子どもに対する教育力の低下があるのではないでしょうか。

家庭や学校も，あるいは，一人一人の子どもの行動も，究極には，その社会の価値を反映していると考えることができます。戦後60年，敗戦によって灰じんに帰した日本社会は，経済を復興し，すべての国民が食べていくことができるように，一心不乱になって働いてきました。その結果，日本経済は，世界に類をみない高度経済成長をとげ，イギリスやドイツをはじめヨーロッパ先進諸国の経済を凌駕し，アメリカ合衆国に次ぐ世界第二の経済大国へと成長し，豊かな経済国家をつくりあげてきたのです。

日本社会は，不況といわれながらも，物質的繁栄を謳歌し，物があふれています。物価の高い日本であるにもかかわらず，日本の給与水準は，世界でも一，二を争う高い水準を維持しています。端的にいえば，かつてのように，勤勉努力し，人との競争に勝ち抜き，人生としての勝利をつかまなければ，将来，豊かな生活は保障されないという時代ではなくなったのです。そこそこに勉強し，そこそこに働いていけば，そこそこの生活はしていける社会環境になったのです。

しかしながら，これまでの企業労働者のスタイルが終身雇用や年功序列から成果主義，能力主義といった変化をみるなかで，若年層にみられるニート（Not in Education, Employment, or Training）が417万人やフリーター（無業者）の数が87万人を超えているといわれて今日的な社会問題になっています。

社会の一つのモラルとしての「国に尽くす」「国のために死す」という思想も，敗戦とともになくなりました。敗戦とともにはじまっ

Key word

人を殺す経験
いじめ
校内暴力

「そこそこでなぜいけないんだ」というのがそこそこの限界かもしれない。

Key word

教育力
アイデンティティの喪失

た高度経済成長の過程のなかでの企業戦士としての「会社のために尽くす」「会社と一心同体」という思想も，1990年のバブル崩壊とともに色あせたものとなりました。社会全体が「生きる」ための目標としての「アイデンティティ」を喪失したものとなったのです。日本社会全体が生きる方向を見失い，社会のもつ教育力，陶冶力を急速に喪失していったのです。

　おそらく，社会は，有形無形に，その社会で未来に生きる子どもに対する「教育力」をもっていると思われます。その社会のもつ価値観ともいうべきものです。もちろん，その価値観は，一つではないでしょう。その社会のもついくつかの価値観，時には錯綜した価値観がさまざまなかたちでその社会に住む人たちの行動や人間形成に影響を与えているはずです。

　福祉社会とは，すべての人たちが心豊かに平穏に暮らす社会でなければなりません。それは人間を，人間が生きることを大切にする社会でなければなりません。人間が生きることを大切にする陶冶力をもった社会でなければなりません。その社会の創造と建設こそ，福祉社会のもつ究極の目標でなければならないのです。暴走する若者の姿もない，そこに住む人が健康で平穏に暮らす社会，ユートピアであるとしても，それを目指す社会が福祉社会の本当の姿なのです。

問　題

1) 現代若者の生態について考えなさい。

2) 国際比較における日本の若者の非行許容度について述べなさい。

3) 道徳意識，価値観の国際比較に関してはどうでしょう。

4) 社会の教育力とは何でしょう。この考え方に賛成ですか。反対ですか。

Box－6　青年期のこころ

　11，12歳ごろから21，22歳ごろまでを青年期という。人生でもっとも多感な時期である。青年期は，おおむね，青年前期，青年中期，青年後期に分けて考える。同じ青年期といっても，前期と後期，あるいは，それぞれの時期で大きく異なるからである。概していえば，急激な身体的変化や生理的変化，さらには自我の芽生えをはじめとする精神的な成長と動揺の時期である前期から，中期，後期へと至る過程で次第にその動揺もおさまり，おとなへと至るといえる。青年期の前期，中期，後期は，学校の教育制度とは必ずしも一致したものではないが，前期は中学，中期は高校，後期は大学の時期と考えてほぼ間違いない。

　一般的にいえば，中学校の時期に相当する青年前期は，身長の急激な伸長，性的成熟，すなわち，男はおとこらしく，女はおんならしくなるという，身体的，生理的変化が急激に起こる時期である。それにともなって親からの心理的独立という心理的離乳も起こり，知的にも，ジャン・ピアジェ（Piaget, J.）のいう「形式的操作」の段階にはいり，目の前の具体的な現実にとらわれず，形式的に，観念的に論理操作をおこなうことができるようになり，おとなの思考へとなってくる。このような思考の発達にともなって，「自分とはなにか？」といった自我への模索と自我確立への思索がはじまる。その過程で，親や教師，あるいは，社会的権威への反抗が起こり，いわゆる，第二反抗期といわれる青年期特有の特徴が現れてくる。

　男女のなかにおいても，性的成熟とともに，異性に対する関心が急速に高まるが，異性に接する社会的技術は，まだ十分に成熟せず，このことから，異性間の性的反発がみられる。社会的技術の未熟さということでいえば，教師に対する「あだな」も，身体の成熟と社会的技術の未熟さのギャップ，断層から生じたものである。教師に対する「あだな」は中学校から高等学校にかけて現れる。あるいは，最近の発達加速現象，すなわち，発達現象の前傾化傾向によって，小学校においても現れることがある。いずれにせよ，「あだな」は，身長をはじめとする急激な身体的成長をとげながらも，世間的な，専門的な知識や社会的技術においてははるかに及ばない教師の人格を自分たちのレベルまで下落させるためにつけるものである。それによって知識や社会的未熟さのために起こるフラストレーション，欲求不満を解消しようとするものである。

　青年前期は，疾風怒濤，自分を求め，「自分さがし」が始動する時期である。それがうまくいかないと，昨今みられるような暴発的な行動が起こることがある。

　青年中期は，青年前期のはげしい動揺の時代から，落ち着いた青年後期への移行の時期である。青年中期ともなると，身体のバランスも整い，精神的にも，安定へと向かう時期である。この時期は，本来であれば，将来への生きがいを求めて生き，そのための読書や芸術，思想などへの精神的志向が強まり，「アイデンティティ」への探索へと至る時期であるが，わが国では大学受験という現実的な壁に阻まれ，その精神的充足が十分になされない状況である。友人関係においても，青年中期になると，青年前期の多くの仲間との交わりから，少数のこころを許した親友関係へと変化していく。異性への関心もさらに強くなり，異性に対してロマンティックな憧れをいだくようになる。

　青年後期は，いわゆる，青春である。この時期になると，知識や社会的技術も，一般的には，おとなのそれと遜色ないものへとなっていく。最近では，パソコンなどの技術や技能は，おとな以上である。現在，わが国では，大学進学率は，およそ，50％である。青年後期に属する青年たちは，そのおよそ半分が大学で勉強し，半分が社会人として活躍している。いずれにせよ，青年後期の青春を悔いなく謳歌してこそ，そのあとの人生は開けるものである。そのエネルギーこそ，青年後期のもっとも大切なものである。

Box－6　非行少女から弁護士へ

　「おめでとうございます。女の子ですよ」という看護師のことばをきいた父親は「なんや，女の子か」と残念そうに言ったらしい。しかし，その残念さも，ベッドで寝ているわたくしの顔を見て，すぐに吹き飛び「ほんまに，かわいい子や…」と言ったそのあとは，目のなかに入れても痛くないというほどの愛情を受けて育った」という。その子が『だから，あなたも生きぬいて』（大平光代著，講談社）の著者である。

　人生どこでどうなるかがまったくわからないものである。そのあとで，その女の子がその父親に殴る蹴るの暴力をふるうことになるのであるから。

　「私は，十四歳のとき，…で，割腹自殺を図った。転校先の学校で，たび重なるいじめをうけたことと，親友に裏切られたことが原因だった。…いじめをした側は，…忘れてしまっているかもしれない。が，私は忘れていない。あのときの悲しさ，みじめさ，くやしさ，孤独感，突き刺すような視線，恐怖，あの子たちの息づかい…当時の情景がなまなましく浮かんでくる。まるで昨日のことのように……」。

　著者は，中学転校先で学年で番長格の女生徒やクラスの全員から，無視，落書き，ゴミくず，トイレの水で濡れネズミになどの陰湿ないじめをうける。それをきっかけに登校拒否をする。その状況に両親が激怒し，担任の教師に抗議をすると，それが，"ちくり"というレッテルを貼られることになり，さらに，いじめが倍加されることになり，親友と信じていた友だちにも裏切られて，ついに，「死ぬしかない」と決心する。

　「今日のことを両親に言うと，学校にも言うだろう。そうなると，また"ちくり"と言われて，もっとひどい目にあう。これまで耐えてきたけど，もう限界や…もうあかん…死ぬしかない…死ぬしか…」「世の中こんなもんや，自分さえよければいいやつばかりや。自分さえよければ人はどうなったってかまへんのや。やっぱり死んだ方がええわ…死にたい」。

　彼女は幸いにも命拾いをして，その彼女は，親も友だちも信じられずに非行に走り，やがては極道の妻になるけれども，そこでも自分の生きる場所を見出すことができなかったのである。それまでの人生のなかで出会った人々の裏切りのなかで，養父に出会って人生観が変わり，中学卒業で司法試験に合格して，弁護士となって非行問題にとりくみ，2005年10月まではある大都市の助役として行政の指導にあたっていた女性である。

安寧であること　芸術的であること。

7

人間関係の喪失と病理

Key word

サイレント・ベビー
笑わない子ども
暴走する若者
ホームレス
フロイト
エリクソン
信頼
自律
自発性
勤勉さ

「希望は生存に対する信頼の表現であり，かく支えられているということに対する感謝の気持ちと密接に結びついている」（ボルノウ）

人間形成の成長　「サイレント・ベビー」「笑わない子ども」「暴走する若者」「ホームレス」といった現代社会のもつ病理的な行動の根幹には，その形成過程における人間関係のもつゆがみがあると考えられます。

精神分析学者，ジーグムント・フロイト（Freud, S.）の弟子であるアメリカの心理学者，エリック・エリクソン（Erikson, E. H.）は，人間が価値ある人格を形成し，成長するうえでそれぞれの時期に解決しなければならない発達課題を8つの段階で区分しています。次に，エリクソンの段階を軸に人間性の発達について考えてみましょう。

通常いわれる，出生から青年期を迎えるまでの乳児期，幼児期，児童期には，人間は，人間として生きていくうえでの「信頼」「自律」「自発性」「勤勉さ」という基礎的な資質と能力を形成していきます。

人間が生きていくうえで「世界を信じる」ということは，きわめて大切なことです。その「信頼」の気持ちは，エリクソンにいわせれば，出生から生後1年の間につくられていきます。生まれてから1年という時期は，乳児は，摂食や睡眠，くつろぎなどの欲求を母親によって充たされるという親子関係のなかで，「世界が信じられる」という社会に対する「信頼」を獲得していきます。もしこの時期に親から子どもの要求が充たされていけば，子どもは「信頼」の心を獲得し，生きていくうえでの「希望」に結びついていくのです。

1歳を過ぎるころから2歳にかけて，子どもは自分自身をコント

ロールしなければならなくなります。この時期になると、子どもはそれまでの依存から、環境との間で自分を律し、コントロールしていかなければならなくなるのです。子どもは、自律心の出現によって自律か依存かの揺れ動く心を解決していかなければなりません。この時期に、親が子どものやりたいことをやらせるためにじっとがまん強くして待ち、子どもにうまくやれるように助けていけば、子どもは自分でうまくやり、うまくやれるという「自律」の心を発達させ、「意志力」を獲得していきます。

3歳から5歳までの幼児期につくられるのは、自ら行動する心、「自発性」です。この時期には、子どもは周囲との関係のなかで、自ら行動することを学び、自発性を育んでいきます。責任をとることを学び、まわりの環境を習得しようとします。

6歳から12歳までの、いわゆる、児童期は、子どもの目は仲間に向けられ、そのなかで、知的、社会的、身体的技能を習得していきます。この時期にこれらの技能や知識を身につけ、それをうまく解決していけば、子どものなかに「勤勉さ」や「有能感」が生まれ、自信をもって生きていくことができます。

青年期以後の人間形成 児童期を終え青年期になると、自我が急速に芽生えてきます。この自我の芽生えのなかで、青年が獲得しなければならないのは、「アイデンティティ」です。「アイデンティティ」は、「自己同一性」と訳されることがありますが、もともと、「そのもの自身」といったことです。アメリカなどでは、「自分を証明するもの」としての身分証明書をIDカード(Identification card)といっています。このことからもわかるように、「アイデンティティ」とは、「自分とはなに者」「自他ともに認めている自分に対する認識、あるいは、自覚」といってよいでしょう。青年期においては、自分というものをしっかりととらえ、認識し、社会の一員として生きていくことができるかどうか、が大切です。その課題を解決し、「アイデンティティ」としての自分に対する認識が明確につくられれば、はっきりとした意識をもって生きていくことができるのです。その意味で、「アイデンティティ」の確立は、人間がその社会で生きていくうえでの心のよりどころといえるものです。

成人期といわれる時代にはいると、他者との間に親密な関係をつくることが大切になってきます。とくにこの時期には、結婚ということによって、異性のパートナーを見つけ、人生の伴侶を得ます。結婚を通してお互いを信頼しあい、親密な関係、「親和性」をつくりあげていきます。さらに、夫婦の関係をうまく育てていくなかで、子どもを出産し、新しい家族が形成され、さらに親和性も高まっていきます。

次の壮年期ともいうべき成人期の中期になると、人は、子どもを生み、育てることが中心となります。新しい世代を育てることが大切になってきます。すなわち、この時期の課題は、家庭において子どもを生み、次の世代を育て、次の世代へと受け継いでいくための

Key word

信頼
自律
自発性
勤勉さ
アイデンティティ
意志力
有能感
親和性
世代性

自律か依存かという問題は自己愛か社会性かという問題へと展開するか？

待ち望んだ王子様か、そして夢に見たお姫様か。結果は見てのお楽しみ。

役割を果たす，すなわち，「世代性」がその中心課題になるのです。人格形成の最後の段階は，自分の人生を集大成する段階です。エリクソンのいう「統合」の段階です。「統合」というのは，それまでの自分の人生を振り返ったとき，自分の現在と過去の人生はうまくいったと考えることができるということです。自分の人生が過去から現在へとさらに次の世代へ永遠に受け継がれていくという認識で総括できるということです。もしそれができれば，そこから英知とさとりが生まれ，価値ある人生としての一生を終えることができるのです。

人間関係の喪失と歪み　人間が一生を通して獲得しなければならない人格は，エリクソンのいう「信頼」「自律」「自発性」「勤勉さ」「アイデンティティ」「親和」「世代性」「統合」という概念で総括できましょう。おそらく人間としての人格は，成長する過程のなかで世間に対する「信頼」を獲得し，自分を律する心としての「自律心」と「自発性」と「勤勉さ」を培い，青年期になって自我を意識し「アイデンティティ」を確立し，成人になって家庭をつくり，子どもを生み，育て，そのなかで他者との親和的な人間関係をつくり，人生の最後に永遠の心をもって一生を総括できるものでなければなりません。

しかし，その人生の過程のどこかでつまずき，挫折すれば，人格の形成は，大きく違ったものになるでしょう。本章の冒頭に述べた「サイレント・ベビー」や「笑わない子ども」「暴走する若者」あるいは「無気力な青年」「家を失ったおとな」といった人たちは，人生のどこかでつまずいたがために起こったものであるということができます。人生のなかで起こるそれらの人間形成は，エリクソンにいわせれば，「不信」や「恥」「罪悪感」「劣等感」「アイデンティティ拡散」「停滞」「絶望」といわれるものです。

おそらく，出生から生後1年の間に，親から十分な愛情が得られず，子どもの欲求が十分に充たされない環境にあると，子どもは，まわりの世界に対して「信じられない」という「不信」の心が獲得され，そのあとも，「不信」の心をもって生きていくことになるでしょう。エリクソンによれば，この時期に解決しなければならない課題は，「基本的信頼」対「不信」であるというのです。すなわち，子どもがまわりの世界に対して「信頼」を獲得するのか，それとも，「不信」をもって生きていく人間へとなるのか，ということです。「サイレント・ベビー」といわれる子どもは，母親が子どもの欲求に十分に応えず，貧しい，少ない応対をしたために起こったものであると考えてよいでしょう。

1歳から2歳になると，子どものなかに生まれるのは，「自律性」です。もしそれに失敗すれば，子どものなかに恥の気持ちがつくられていきます。現代の若者のなかにも，自分を律することのできない行動を多くみかけます。たとえば，大学の授業のとき私語が多いのは，「こんなところでは私語をしてはいけない」ということがわ

写真として切り取られた一瞬の家族。

Key word

信頼
自律
自発性
勤勉さ
アイデンティティ
親和
世代性
笑わない子ども
暴走する若者
無気力な青年
家を失ったおとな
エリクソン
サイレント・ベビー
統合
不信
恥
罪悪感
劣等感
アイデンティティ拡散
停滞
絶望

かっていないのではなく，つまり，理解のレベルの話ではなく，自分を律する心がないためです。その源流は遠くこの時期にまでさかのぼることになるのかもしれません。

　3歳から5歳までの時期に，自ら行動する自発性を育むことができないと，子どものなかに，エリクソンのいう「罪悪感」が生まれます。この時期には，フロイトのいうような同性の親に対するライバルの感情，エディプス・コンプレックスも起こります。それがうまくいかないと，罪の意識をもつことになります。

　6歳から12歳の時期は，「勤勉さ」を獲得する時期です。この時期はフロイトのいう潜伏期にあたります。この時期には，子どもの目は仲間に向けられ，そのなかで，知的，社会的，身体的技能を習得していきます。しかし，それがうまくいかなければ，自分の知識や技能を他の仲間の知識や技能と比較し，「劣等感」を感じるようになっていきます。

　おそらく，人間は生まれてから青年期を迎えるまでの間にさまざまな人間関係，成長の過程のなかで「信頼」「自律」「自発性」「勤勉さ」という人格の基本的な骨格を形成していくものと思われます。しかし，それがどこかでつまずけば，「不信」「恥」「罪悪感」「劣等感」などが生じ，さまざまな問題行動の根源となります。

　青年期において大切なのは，「アイデンティティの確立」です。しかし，青年のなかには，その社会で生きていくうえでの心のよりどころといえる「アイデンティティ」が確立していない者もみられます。「アイデンティティ拡散」といわれるものです。青年の間で「自分はなにをすべきか」「なにをしてもつまらない」「なにをしてよいかわからない」といった声を聞くことがあります。それは，自分自身を見失った，自分の生きる道を見出せないでいる，まさしく「アイデンティティ」が確立していない「アイデンティティ拡散」の状況なのです。暴走する若者の心の根底には，本当の自分を見出しえないでいる，「アイデンティティ拡散」，すなわち，生きる力としての「アイデンティティ」をつくりだしえない状況があるといえましょう。

　成人期にはいると，大切なのは，他者との親密な関係です。エリクソンのいう，「親和性」対「孤立」の段階となります。しかし，その関係をつくるのに失敗すると，次第に「孤立感」を深めていきます。なかには，せっかく結婚し，家庭をつくっても，夫と妻の関係がうまくいかないと，夫婦ともにまったく別々の世界に生きることになり，「孤立感」を深めていきます。長い間単身赴任のあと，家庭に帰った夫や父親が家庭に居場所がないといった嘆きが聞かれるのも，この「親和性」の喪失によるものです。

　壮年期になると，自分の新しい世代を育てることが，中心的課題となります。そのなかで，人を育む力も獲得していきます。しかし，自分の子育てをはじめ次の世代の教育がうまくいかないと，「停滞」の気持ちが生まれてきます。ものごとが先へ進まないという気持ちが起こります。ホームレスといわれる人たちは，家庭や社会のなか

潜伏期：問題をクリアする能力が醸成されるか，それとも問題が問題としてそのまま生きているか。

Key word

エディプス・コンプレックス
孤立
エリクソン
罪悪感
フロイト
劣等感
信頼
自律
自発性
勤勉さ
不信
恥
アイデンティティの確立
アイデンティティ
アイデンティティ拡散
停滞
親和性

親和性 対 孤立の問題は社会性と自己愛の問題に置き換え可能か？

Key word

死
エリクソン
笑わない子ども
サイレント・ベビー

で「孤立」し、「親和性」を喪失し、何ごとも前へ進まない「停滞」の感情に陥っている人たちでしょう。

最後は、自分の人生を総括する段階です。自分の現在と過去を振り返るとき、自分の過去の生き方に満足できなかったり、「あのとき、彼がどうしたからこうなったんだ」といってその失敗を他人のせいにして振り返ると、自分の人生に対する「嫌悪と絶望」が生まれ、死を絶望的にとらえることにもなるのです。

人間性の回復　人間は環境に生きる動物です。とくに社会環境といわれる人間関係のなかで人格や行動特性を形成していきます。そのなかで、幼いときの社会環境、人間関係は、その子どもの将来への人格の基礎をつくるものとして大切です。

生まれてから最初の1年の間、母親が子どもに十分な愛情を示し、子どもの要求を十分に充たしてやれば、子どもは、母親をはじめ社会に対して基本的に「信頼」する心を獲得していきます。この「信頼」の心が、そのあと「希望」をもって生きていくことの証でもあるのです。しかし、母親が子どもに対してその要求を十分に充たさない行為をおこなえば、子どもの心のなかには、社会に対する「不信」が生まれてきます。それがその後の人間形成にどのような影響をもつかは定かではありませんが、この時期の経験がそのあとの人格形成の根底として沈殿することは十分考えられることです。

福祉社会は、この世に生まれた子どもがその潜在的な能力と資質を十分に伸ばし、そこで獲得した能力を駆使して豊かに生きていく社会でなければなりません。そのための一つの方策は、エリクソンのいう課題をそれぞれの段階でどう解決し、心豊かな人間性を回復し、形成していくかということです。

生後1年から数年の間は、子どもに対する親のかかわりがきわめて重要になります。とくに母親が子どもに対して愛情深く、子どもの要求に応答的に応えることです。それによって、子どものなかに母親に対する「信頼」と自分を律する心がつくられていきます。さらに、幼児期になると、子どものなかに自発性も生まれてきます。環境との間で自分を律する心と同時に、自発的に行動する心が芽生えてきます。こんなとき、親は自発的にかかわる子どもの行動を抑制しないことです。子どもの行動を注意深く見守りながら、子どもの自発的なかかわりを大切にすることです。

出生から小学校に入るまでの、いわゆる、乳幼児期は、親の子どもに対するかかわりが人格の形成においてきわめて重要になります。親が子どもの行動に応えないのも、駄目です。「サイレント・ベビー」や「笑わない子ども」は、このような親子関係のなかから生まれたものであると考えてよいでしょう。反対に、親が子どもの行動に過剰に反応するのも、問題です。そこからは、子どもの自ら行動する心は生まれません。親に依存し、すべてを他者に頼る自発性のない子どもに育っていきます。

子どもの育つ人間関係、親子関係とは、難しいものです。あまり

子どもがおとなの縮小版であると、近代以前まで考えられていました。それまでは「子ども」の観念はなかったと言われています。

にも濃密であってもよくないし，希薄であっても駄目です。親子関係の基本は，とくに乳幼児期といわれる幼いときの親子関係は，子どもの要求や行動に対して親が「応える」，応答的な関係でなければなりません。子どもは，その応答的な人間関係のなかから，さまざまな能力や自発性，さらには，他者に対する信頼感をも獲得し，人間性豊かな子どもへと成長していくのです。

Key word

人間性の回復
応答的な関係

問　題

1) エリクソンの八つの発達段階について述べなさい。

2) 「アイデンティティの拡散」とはどんなことですか。

3) 人間性の喪失とゆがみについて考えましょう。

4) 人間性の発達と乳幼児期の養育について考えなさい。

Box－7　カマラ物語－狼に育てられた少女

　環境が人間をつくる。それを知る一つの貴重な記録が残されている。動物に育てられた「野生児」として有名なのは，カマラについての研究である。

　ゲゼルの『狼にそだてられた子（生月雅子訳, 1967）』によれば，その物語の冒頭は，推定ながらも幻想的に展開していく。1912 年，晩秋の夕暮れ，インドのある貧しい村に生まれたカマラを切り株のなかにおいて，母親は野良仕事に出かけた。その留守の夕闇迫るころ，一匹のやもめ狼の雌が，家の方に忍び寄ってきた。その狼は，抜群の嗅覚を働かせ，カマラの方へやってきて，あたりの様子をうかがいながら，赤ん坊のえり首のあたりをそっとくわえ，暗闇のなかに立ち去ったのである。狼の住む洞穴には，5 匹の子狼がいた。カマラは，その子狼と一緒に雌狼によって育てられたのである。

　1920 年のことである。カマラが狼に連れていかれてから 8 年の歳月が経っていた。宣教師としてインドのある村を訪れたシング牧師は，村人から「近くの密林に人間の化物がいる」というおそろしげな話を聞かされた。ある夕暮れ，高台に上って待っていると，一つの洞穴から一匹のおとなの狼が現れた。続いて一匹，そのあと，子どもの狼が一匹，一匹，現れた。そのとき，そのあとに続いて，「すごい様子をした生き物」が現れたのである。しかし，それはまぎれもなく，人間であった。そのあと，もう少し小さい，キラキラと射るような目をしたもう一人の人間が現れた。それがカマラとアマラであった。

　発見されたときは，手足は普通より長く，爪は内側が削られ鋭く尖り，足の親指は大きく発達し，肩幅は広く，両腕は下に伸ばせば膝までとどき，筋肉たくましく，四つ足で歩いていたため足の裏には歩きだこができていた。歯や顎関節の弾力性は強く，口は大きく開き，犬歯が長く，耳は動物的な動きをした。孤児院でからだを洗おうとすると，唸り声をあげ，逃げ回り，抵抗した。光を恐れ，暗闇を好み，夕方になると，瞳孔は開いて輝きを増し，部屋のなかを四つんばいになって動きまわった。それらは，まさしく，動物に似た人間としての異常な姿であった。

　人間社会に復帰したあと，人間とともに生活したカマラであったが，最初の 3 年間は，狼の習慣を身につけたままであった。人間社会のなかで人間らしいあつかいを受けたにしろ，狼の習慣から脱することはできなかったのである。たとえば，カマラは前に進むときでも，両手と両膝か，両手と両足を使っておこなった。社会的行動も，他の子どもと遊ぶことはなく，背を向けて壁の方を向いたままであった。しかし，そんななかで，カマラは，順を追って少しずつ人間社会へ入っていき，人間に対する信頼の情が深まっていったのである。

　1) アマラと仲間づきあいをする。
　2) アマラによって社会生活への手びきを習得する。
　3) 犬や猫を自分の同類だと漠然と感じながら，眺める。
　4) ペットの子山羊と遊ぶ。
　5) 牧師のシング夫人のあとを追う。
　6) 仲間の孤児たちとまじわるようになる。

　ことばも，1922 年には，シング夫人を「マー」と呼び，のどが渇くと「ブーブー」というようになった。1926 年には，「カマラはまるで別人のようになった」と記録されている。その年には，2 歳の子どもぐらいの足取りで二本の足で立って歩くことができるようになった。1927 年には，ことばの数も 45 を数えることができるようになった。カマラは，確実に人間社会への復帰へと歩きはじめたのである。しかし，不幸にして，人間社会に復帰してから 9 年後，1929 年，カマラは，病のために亡くなった。

　カマラの物語は，不幸で悲惨な話であったとはいえ，狼に育てられたカマラの姿は，人間は人間と人間との「人間関係」のなかではじめて「人間」となることを物語っている。

安寧であること。

8

環境に生きる−自分を守る心

Key word

生きることの意味
適応

動物は無理をしない。それを
自然であるといいますが。

生きることの意味　「生きる」ということはどのようなことでしょうか。「生きる」ということには，生命科学の立場から，あるいは，宗教，哲学の立場からなど，さまざまな観点から考えることができます。人間は生物体であるために，その生命を維持するためには，生物体のもつ生理学的機能，たとえば，睡眠，摂食，排泄，呼吸といった機能を充たしていかなければなりません。また，生きるための心の支えとして，その支えを宗教に求めることもあるでしょう。また，深遠な真理としての「生きる」ことの意味を哲学に求めることもあるかもしれません。

　それでは，心理学的には「生きる」ということの意味は，どんなことでしょうか。人間は，もちろん，生物学的存在であると同時に，心理学的存在でもあります。他の動物と比べて比較にもならない複雑で高等な精神をもっているのが人間なのです。その高等で複雑な精神の所有こそ，人間が人間たる所以なのです。そのすぐれた精神ゆえに，人間は存在しているのです。

　では，その複雑で高等な精神をもった人間が「生きる」ということは，どのようなことでしょうか。何をもって，心理学的には「生きる」ということを言うことができるのでしょうか。心理学的に「生きる」ということは，環境に「適応する」ということであるということができます。人間は絶えず「環境」と向かい合って，「環境」のなかで生きています。「環境」のなかで「生きる」人間は，その「環境」をうまく処理し，生きていかなければなりません。すなわち，「適応」して生きていかなければならないのです。「環境」に適

応していくということこそ，心理学的に「生きる」ということの意味なのです。

　人間が「環境」のなかで生きていくためには，環境を処理する能力を身につけていかなければなりません。環境を処理する能力を獲得していくことが，心理学でいう，いわゆる，「学習」なのです。人間は，成長の過程で，生まれてから家庭や学校，あるいは，社会においてさまざまな能力を獲得していきますが，それは，まさしく，人間が生きていくための「環境」を処理する知識や技能の習得なのです。

　一方，人間が対処する「環境」といっても，それは決して単純なものではありません。「環境」との間で人間が遭遇する問題は，決して単純なものではない，と言い換えてもよいでしょう。その環境のもつ複雑さをうまく処理し，それに対応し，精神的健康を維持していくことが，人間が「生きる」ということの意味なのです。

心の仕組み　それでは，その「環境」に生きるために，人間はどんな心の仕組みを学んでいるのでしょうか。ここで人間の心の仕組み，行動の仕組みについて一つの簡単な図式で考えてみましょう。人間の行動は，多くの場合，心のなかに欲求が生じたとき，それを解消するかたちで起こります。これを「欲求解除の方式」といいます。人間の「欲求解除の方式」には，いくつかのレベルがあります。もっとも基本的，生理的レベルは，わたくしたちのからだが自動的に生理的に調節する「ホメオスタシス（homeostasis）」といわれるものです。外気の温度が上昇し，体温が上がれば，汗を出して体温を低下させます。反対に，外の温度が下がってからだの体温が低下すれば，からだを震えさせ，そのエネルギーで体温を上昇させます。しかし，たとえば，汗を出しても，それでは収まらず，体温が高いときは，上着を脱いで涼しくします。それでも暑いという欲求が解消しないときは，部屋の窓を開けるとか，クーラーを入れて外温を下げ，欲求の解消をはかります。暑いというからだの欲求一つとっても，このようにさまざまなレベルでその欲求の解消をはかっているのがわたくしたち人間なのです。

　ましてや，もっと奥深いこころの欲求については，さまざまな方策によってその欲求を解消し，自分を守っているのです。しかし，「欲求を解消し，自分を守る」といっても，事はそんなに簡単ではありません。心のなかに欲求が生じ，それがその都度，行動によって解消されていけば，問題は起こりません。それは，あくまでも，もっとも簡単な緊張解除の方式であって，現実にはそんなに単純ではないのです。心に欲求が生じたとき，それを妨げる障害が現われるからです。

　その障害は，自分の心に現われる場合もあるし，対処しようとする環境のなかに存在する場合もあります。いずれにせよ，心のなかに発生した欲求は，さまざまな障害物によって，その充足が妨げられるということです。この欲求充足が妨げられた状況を「欲求阻止

Key word

学習
欲求解除の方式
ホメオスタシス
欲求阻止

人間は大脳によって環境を変える。
これは反自然か。

Key word

フラストレーション
うつ病
防衛機制
逃避

の状況」，すなわち，フラストレーション（Frustration）といいます。フラストレーションとは，いってみれば，自分の心のなかにある欲求を環境との間で処理できないでいる状況です。自分の欲求を処理できないフラストレーションの状況に長くいると，人間はさまざまな精神的障害を起こしてきます。その一つは，ノイローゼといわれる，いわゆる，神経症です。また，最近，定年退職した中高齢者の間でみられる「うつ病」も，退職後のフラストレーションや不安などから起こった心の病なのです。

社会が複雑になれば，それに対処する人間の心も，複雑な問題を解決しなければならなくなります。その解決がうまくいかないと，人間は心の病にかかり，精神的健康を維持できなくなります。ますます複雑化していく社会のなかで，わたくしたち人間がその精神的健康をどう維持し，健康で豊かな心の暮らしをしていくかが，これからの福祉社会のもつ重要な課題であるといえます。

防衛機制 人間のもつさまざまな欲求を環境との間ですべて充足していくことはできません。もしそれができないとすれば，人間は，誰しもが欲求不満に陥って，自分を駄目にしているかといえば，必ずしもそうでないことは，周知の事実です。人間は，自分を守るためのさまざまな「心のメカニズム」をもっているのです。かりにさまざまな欲求不満が起こっても，それを適切に処理する「心のテクニック」をもっているのです。それが「防衛機制」あるいは「適応の機制」といわれるものです。人間が「生きる」ための知恵といってよいでしょう。それでは，人間のもつその「知恵」とは，どんなものでしょうか。

「逃げるが勝ち」ということわざがあります。欲求が難しくていれられそうにないときは，「逃げる」という手もその一つです。これを「逃避」といいます。「逃避」とは，不快なことがらや要求実現が困難なとき，そこから心理的に身を引くことです。物理的な行動をともなうこともあります。学校の成績が悪く，親から叱られるのを恐れて，家出をするといったことも，その一つです。また，学校でいじめにあい，その痛手に家族から触れられたくないために，自分の部屋に閉じこもって出てこない，「ふて寝」というのも，「逃避」の一種です。この意味で，「自殺」も逃避の一つです。しかし，「逃避」には，単に心理的に，物理的に身を引くということだけではなく，それによって相手を困らせようという意図が隠されている場合もあります。

また，「逃避」の一種に「白日夢」というのがあります。「白日夢」というのは，眠って夢をみる，ということではありません。これは観念への「逃避」といわれるものです。現実に充たされない欲求を観念の世界で充足していこうとするものです。たとえば，子どもの場合，芸能界のスターや野球の花形選手になって世の喝采を浴びるといった物語を自分でつくるのも，欲求不満を観念の世界で充たそうとする心の働きなのです。

母胎への回帰。風呂。ぬるま湯。

また，「防衛機制」の一つに，「補償」というものがあります。「代償」といってもよいでしょう。ある場面における欲求不満を別の面で代償的に充たしていくことです。自分が自信がないと感じているものを別の，たとえば，スポーツで成績をあげて欲求不満を解消しようとするものです。補償の一つとして「昇華」があります。昇華とは，社会的に受け入れられない要求を社会的に認められるかたちで充足することです。フロイトによれば，学問，芸術，スポーツ，宗教などの人間の活動の根底には性的衝動の「昇華」があるといいます。

　「同一視」や「合理化」「投射」「抑圧」「反動形成」といったものもあります。「同一視」とは，自分より価値のあるものに自分をなぞらえることによって自分の価値を高め，フラストレーションを解消しようとする心の働きです。自分の心理的価値を高めるためにフラストレーションの価値の対象として求められるのを「拡張自我」といいます。「拡張自我」は，人でも，母校のような人でないものでもよいのです。「合理化」とは，自分の間違いを素直に認めず，理屈をつけて正当化することです。理屈づけをして，自分の不当なこと，間違ったこと，フラストレーションを正当化して欲求不満を解消しようとするものです。「投射」とは，自分の欲求不満を相手に投影して，自分がそう思っているから相手もそうだ，というように考えて欲求不満を解消しようとする心の働きです。「抑圧」とは，フロイトの精神分析学のなかでもっとも重要な概念の一つで，意識のなかに現われる社会的に不当な欲求を意識の下に抑えつけ，無意識の世界に閉じ込め，欲求不満を解消しようとするものです。一般に，過去は懐かしく，楽しいものとしてとらえられるのは，不快なことを意識の下に押し込めた「抑圧」の心によって起こることが多いのです。「反動形成」とは，欲求のなかには，その欲求の度合いが強く，単に抑圧しても，抑圧だけでは処理できず，精神的に欲求不満が解消しないことがあります。そんなとき，人間は抑圧された欲求と正反対の行動をとって精神のバランスをとり，その欲求不満から逃れようとします。それが「反動形成」あるいは「逆形成」というものです。

精神的健康　いかなる人間といえども，欲求不満のない人間はいません。いや人間は，ある意味では，欲求不満のかたまりであるといえましょう。人間は，常に欲求不満を肩に背負いながら生きているといえないこともありません。これからますます複雑化していく環境のなかでは，人間の欲求も多様化し，それを阻止する要因も複雑なものとなっていくでしょう。

　しかし，同時に，人間はそのさまざまな欲求不満を乗り越え，それを処理し，ほとんどの人が健全に生きているのです。そこには，自分の欲求をさまざまなかたちで直接的に，あるいは，間接的に処理して生きる「自分を守る」心があるからです。その心，能力をもっているがために，複雑な環境のなかでも，強いフラストレーションに陥ることなく，健全に生きていくことができるのです。言

Key word

逃避
同一視
合理化
投射
抑圧
反動形成
拡張自我

人馬一体。自己の身体を馬に拡大延長した。

い替えれば，環境に適応し，生きていくことができるのです。それが人間が心理的に生きているということの基本的な意味なのです。これまで述べた「逃避」や「補償」「同一視」「合理化」「投射」「抑圧」「反動形成」といった心の働きは，一見すれば，環境に対して，あるいは，自分の心に対して，正々堂々と立ち向かっていく心の働きでないかもしれません。しかし，その心の働きがあるがゆえに，間接的ながらもさまざまな方法で環境に立ち向かっていくことができるのです。人間はその知恵をもっているがために，精神的健康を維持し，活力ある存在として生きていくことができるのです。

　21世紀は，これまで以上に欲求の多様化や環境の複雑化が現われてくるでしょう。その世紀で精神的に健全で活力ある存在として生きていくためには，人間は，心のなかで起こる多様な欲求や，複雑な環境が提起するさまざまな問題を，適切に処理する心のメカニズムをもたなければなりません。この地球環境に生きるすべての人間がどのように心の健康を維持し，生きていくのか，その心のメカニズムと心のあり方を探るのも，これからの福祉心理学に課せられた重要な課題であると思われます。

問　題

1) 心理学的に「生きる」ということの意味について考えなさい。

2) 「心の仕組み」としての「欲求解除の方式」について例をあげて説明しなさい。

3) 防衛機制の種類とその内容について述べなさい。

4) 「自分を守る」こころとは，どんなことでしょうか。

Box－8 葛藤を解決する

　人間の行動は，一つには，こころのなかに欲求が生じ，その欲求を解消しようとして起こる。もしその欲求が解消されないと，欲求不満，すなわち，フラストレーションとなり，イライラなどによって人間は不安定になる。しかし，人間が精神的に不安定になるのは，こんなときだけではない。二つあるいはそれ以上の欲求が同時に現われ，その解決を迫られる場合である。このような場面を葛藤場面という。葛藤場面をうまく解決できず，それが深刻な状態となると，人間は精神的健康を維持できない。代表的な葛藤場面として次の四つが考えられる。

1) 接近接近葛藤

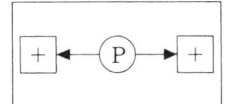

　　二つ以上の正の誘意性，すなわち，どちらの欲求をも充足したいというときに起こる葛藤である。一般にこの種の葛藤は，その強さは強くなく長続きせず，解決も容易である。一方が選択され，一方が放棄されるというかたちで解決することが多い。

2) 回避回避葛藤

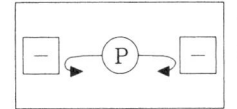

　　二つ以上の負の誘意性，すなわち，どちらの欲求をも充たしたくないときに起こる葛藤である。実際は，その場面から逃げ出したいわけであるが，それができないとすれば，その場をうまくごまかしてつくろうといったことで解消しようとする。

3) 接近回避葛藤

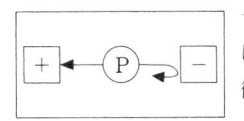

　　一つの目標が正の誘意性と負の誘意性をもっているときに起こる葛藤である。実際には，正と負で強い誘意性を選択するかたちで解決するが，正と負の誘意性が強く，均衡していると解決しにくいことが起こる。

4) 重複接近回避葛藤

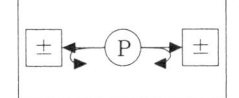

　　二つ，あるいは，それ以上の目標が正の誘意性，負の誘意性を同時にもっているときに起こる葛藤である。実際の生活では，こんな葛藤場面が多い。二つの対象があって，一方は悪く，他方はよい，といったケースはそんなに多くない。対象のそれぞれによいところと悪いところがある。だから葛藤場面における悩みも大きい，といったことである。

9

21世紀の福祉高齢社会 ―「齢代」の提唱

Key word

高齢社会
高齢者のイメージ

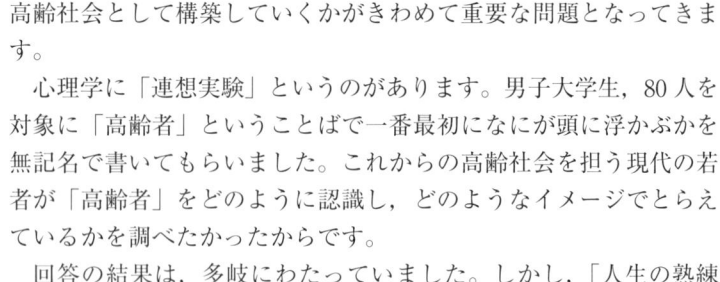

高齢社会を暗くとらえるのは，実はあなたの心です。

　連想実験　前にも述べたように，21世紀の日本社会の特徴は，高齢社会であるということです。1970年，65歳以上の人口が全体の7％であったわが国は，1994年にはその比率が14％を突破し，国連でいう「高齢社会」となったのです。その速度は，これからさらに加速し，2005年に20％を越えて5人に1人となり，2013年には，25.2％，4人に1人が65歳以上の高齢者になることが予測されています。まさしく，21世紀は，高齢者であふれる社会になるわけです。このことから，これからの高齢社会をどのような豊かな福祉高齢社会として構築していくかがきわめて重要な問題となってきます。

　心理学に「連想実験」というのがあります。男子大学生，80人を対象に「高齢者」ということばで一番最初になにが頭に浮かぶかを無記名で書いてもらいました。これからの高齢社会を担う現代の若者が「高齢者」をどのように認識し，どのようなイメージでとらえているかを調べたかったからです。

　回答の結果は，多岐にわたっていました。しかし，「人生の熟練者」「人生の先輩」といった正の評価をした2人の回答者を除き，そのほとんどが，「高齢者」を「寝たきり」「体が不自由」「病弱・弱々しい」「老人ボケ」といったものから「税金がかかる」「老人ホーム」「介護」，さらには「頑固」「おせっかい」といった性格的な面に至るまで，負のイメージでとらえていました。

　「高齢者」とか「高齢社会」ということばは，一般社会だけではなく，行政用語として，あるいは，マスコミにおいても抵抗なく使わ

れていますが，そのことばを通して認識される世界，あるいは，イメージされる世界は，これからの高齢社会を支えていく若者にとっては，きわめて否定的に，好感をもってとらえられてはいないことがわかりました。いやむしろ，これからの社会のやっかい者として認識されているといった方がよいでしょう。このような認識では，21世紀の豊かな高齢社会を築いていくことはできません。

齢代　そこでわたくしたち著者は，これから先の心豊かな福祉高齢社会をつくりあげていくための新しい呼称として「齢代」という概念を提唱し，人の一生を「齢代」で考えようと提案してきました。「齢代」においては，人間の一生を四つの「齢代」で区分します。これまで心理学においては，人間の一生を区分する方法として，乳幼児期，児童期，青年期，成人期，老年期といったことばで区分してきました。それは学問的には決して間違ったことではありません。乳幼児期と児童期では，たとえば，思考の形態において明らかに違いがあります。青年期と児童期においても，同じことがいえます。それ故に，それらの間の違いと順次性を明確にした科学的概念としての発達区分が存在するのです。

しかし，これからの社会においては，生活のライフスタイルで一生を区分することが現実的で，きわめて重要になってきます。「第一齢代」とは，乳幼児期から青年期に至る時期です。この時期は，生活のスタイルでいえば，人間がそのあと一人の人間として生きていくための能力や資質を身につけ，人格を形成していくための学習の期間です。教育期間といってもよいでしょう。すなわち，第一齢代としての乳幼児期から青年期に至る時期は，人間が直面する問題や課題，生活の内容，生き方が，来るべき次の齢代と明確に異なる時期であるということができます。このことから，この期間を「第一齢代」として他の齢代とは区分して考えました。

「第二齢代」は，仕事に就き，結婚し，家庭をもち，子どもを育て，男であれば家計を支え，もちろん，女性もそうである場合もありますが，定年を迎えるまでの時期です。おそらく，一生のうちで，もっとも責任をともなう，成熟した年代です。50歳か60歳ぐらいまでの年代が第二齢代といわれるものです。

しかし，人間の平均寿命の伸びとともに，そのあとの人生の終期である第四齢代に至るまでに膨大な時間が残されることになりました。それまでの社会的責任から解放されたその20年から30年の時間をどう生きるかが重要になってきたのです。それが第三齢代といわれるものです。「第三齢代」は，企業に勤める人や公務員は，定年をもってはじまり，自営業などの人は，その仕事を退いたときにはじまります。介護と依存の「第四齢代」を迎えるまでのその長い時間が「第三齢代」といわれるものです。したがって，「齢代」という考えは，長寿社会を迎えたいま，「第三齢代」の概念を中心として生まれたものであるといってよいでしょう。

Key word
齢代

齢代

「齢代」のもつ特徴　それでは，人間の一生を「齢代」という概念で区分することにどんな特徴があるのでしょうか。とくにこれからの「高齢社会」を理解するうえでどんなメリットがあるのでしょうか。

まず第一に，「第一齢代」「第二齢代」「第三齢代」「第四齢代」ということばからすぐにわかるように，一生を「一」「二」「三」「四」というニュートラルな数字の順次性で分け，「高齢者」あるいは「高齢時代」というのを他の時代とは特別に区分していないということです。「高齢社会」とは，「高齢者」すなわち「第三齢代」の人たちであふれる社会です。その社会では，「高齢者」は特別の存在ではなくなります。単に「第二齢代」のあとにくる時代，すなわち「第三齢代」を生きている人としての認識です。

第二に，これまで，人間の一生を区分する方法として，とくにそれを専門とする発達心理学においては，年齢を軸として，乳幼児期，児童期，青年期，成人期，老年期ということばを使って区分してきました。何歳から何歳までは児童期，何歳から何歳までは青年期といった区分の仕方です。それは学問的には，決して間違ったことではありません。乳幼児期と児童期では，たとえば，ものの考え方一つとっても，決して同じではありません。青年期と児童期においても，同じことがいえます。しかも，その区分には，ある程度の年齢が関係します。そのことから，心理学においては，それらの間の違いを年齢で区分し，その順次性を明確にした科学的概念としての発達区分が存在するのです。

しかし，「齢代」という概念は，基本的に年齢を軸とした区分ではありません。たとえば，「第一齢代」から「第二齢代」への移行は，それまでの学習，教育期間が終わり，経済的に独立して生きていくことができるようになったときをもってはじまります。具体的には，大学を終え，職を得たときに「第二齢代」がはじまる人もいれば，なかには，もっと前に「第二齢代」にはいっていく人もいるでしょう。発達心理学の区分でいえば，青年期が終わったとき，あるいは，青年期の後半から，「第一齢代」から「第二齢代」へと移行するものと考えてよいでしょう。

同じことは，「第二齢代」から「第三齢代」への移行についてもいえます。55歳で定年を迎えた人は，そのときからが「第三齢代」です。65歳でまだ働いている人は，必ずしも「第三齢代」を生きているとはいえません。

第三に，その区分の仕方は，人間が生きる生活実感ときわめて近いということです。青年期や老年期といったこれまでの心理学の区分は，人の心理的・身体的変化や特質で一つの時期を区切っていましたので，人間が生きていくうえでの実際上の感覚とは必ずしも一致しないところがありました。しかし，人間の精神的変化や特徴は，科学的に吟味された心理学的知識による区分だけではなく，生活の仕方，生活環境の違いによっても，その行動や有り様は異なるものです。たとえば，これまで会社でバリバリ仕事をしていた人が，定

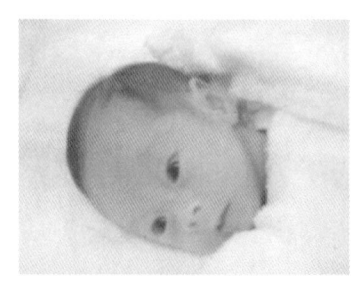

Dasein

年になると，その行動や精神的特徴，たとえば，世のなかに対する考え方に大きな違いが出てくることは，当然起こりうることです。このことからわかるように，「齢代」という概念は，ただ心理学的に学問的に一生を区分するということではなく，人間が一生を生きていくうえでの生活の変化や環境の変化を反映した概念なのです。

このことから，第四に，「齢代」という概念で非常に大切なのは，年齢による区分ではなく，その齢代を生きているという意志です。「いま自分は第三齢代を生きているんだ！」という明確で積極的な意志です。この明確な意志があってこそ，その時代を生きる力が生まれてくるのです。これまで心理学の発達区分は，年齢による他動的な区分でした。そこには，自分の意志など，入り込む余地はなかったのです。どの発達区分にあるかは，自動的に，他動的に決定されていたのです。しかし，「齢代」は，人間一人一人がその時代を自分の意志で主導的に生きる概念です。この概念こそ，これからの社会で心豊かに生きる中心概念にならなければなりません。

年輪を重ね，孤高に生きる。

「第三齢代」と「第四齢代」　最後に，「齢代」という概念を用いることによって，いわゆる「高齢社会」といわれる社会のもつ特質と問題，いいかえれば，「高齢社会とはどんな社会なのか」「高齢社会にはどんな問題があるのか」「その社会をどのように生きたらよいのか」ということをもっと明確にとらえることができることです。

一口に「高齢社会」といっても，二つの時代，すなわち，二つの「齢代」から成り立っていることがわかります。「第三齢代」と「第四齢代」です。社会的議論の的となっている介護の問題や2000年4月からはじまった公的介護，あるいは，全国的な配備が進んでいる老人保健施設や特別養護老人ホーム，養護医療型病院施設の建設などは，第四齢代に関係する問題であるといえます。これらの問題は，これからのわが国の「高齢社会」がかかえる必須の福祉政策として，緊急かつ，重要な問題として解決していかなければならないものです。

しかし，「高齢社会」がかかえる問題とは，決して介護やそれに関連する施設だけの問題ではありません。「高齢社会」を「齢代」の概念でおさえることによって，その問題がみえてくるのです。「高齢社会」のもう一つの問題は，一定の職業を退いたあと，そのあとの依存と介護の第四齢代に至るまでの長い人生，すなわち，第三齢代をどのように生きていくのか，ということにあるのです。人生における長寿というのは，まさしく，そのことを意味しているのです。ところが，日本においては，「高齢社会」といえば，介護の問題，老健をはじめとする施設の整備，充実というところに，国家の施策や議論がいきがちです。しかし，第三齢代をどのように健康に，その人生を充実させながら，愉しくいきいきと生きていくかということも，それに劣らず「福祉高齢社会」の重要な問題であるはずです。しかし，日本においては，残念ながら，それについての国家の施策はもちろんのこと，識者や一般の人々の関心も，まだ十分とはいえない

のが現状です。しかし，その状況は，少しずつ変化の兆しを見せはじめています。定年後，第三齢代をどう生きるか，その生き方に成功した人たちの新しい人生を描いた本がいくつか出版されるようになりました。

わたくしたちは，「齢代」，とくに「第三齢代」と「第四齢代」という概念をもつことによって，長寿社会のもつ特徴とその長い長寿社会をどのように生きていくのかの実像がみえてくるのです。

問　題

1) 「高齢者」のもつイメージを連想実験の結果から考えなさい。

2) 「齢代」とは何でしょう。それぞれの「齢代」について述べなさい。

3) 「齢代」という概念のもつ特徴をあげなさい。

4) 「齢代」を使うことで「高齢社会の特質が明らかになる」とはどんなことですか。

Box－9　世界一長寿国，日本－WHO報告

　WHO（世界保健機関）は，加盟191か国の2002年度の平均寿命を発表した。それによると，平均寿命でもっとも長寿国は，日本である。さらに，今回は，平均寿命から事故や重い疾病などで寝たきりなどの期間を引いた「障害期間調整後の平均寿命」，すなわち，著者のいう「第三齢代」までの期間を「健康寿命」として算定した。表9-1は，長寿10か国の男女平均の平均寿命と健康寿命をあらわしたものである。

表9-1　平均寿命と健康寿命国際比較

		ベスト10	歳
平均寿命	1	日本	81.9
	2	スイス	80.6
	3	オーストラリア	80.4
	3	スウェーデン	80.4
	5	アイスランド	80.1
	6	フランス	79.8
	6	カナダ	79.8
	8	イタリア	79.7
	9	スペイン	79.6
	10	モナコ	79.1
健康寿命	1	日本	75.0
	2	スウェーデン	73.3
	3	スイス	73.2
	4	アイスランド	72.8
	5	イタリア	72.7
	6	オーストラリア	72.6
	6	スペイン	72.6
	8	モナコ	72.4
	9	フランス	72.0
	10	ギリシャ	71.0

　日本人の平均寿命は，男女平均して81.9歳（男子78.4歳，女子85.3歳），健康寿命は75.0歳（男子72.3歳，女子77.7歳）である。さらに，平均寿命は2055年に，男性83.67歳，女性90.34歳になると推定されている（平成19年版高齢社会白書）。日本の長寿について，WHOは，「伝統的な低脂肪の食事と心臓病の比率が少ないため」と分析しているが，その日本においても，肉食が増え，喫煙者が急増していることから，将来への影響を懸念している。なお，最下位は，内戦が続くアフリカ西部のシエラレオネで，平均寿命，34.0歳，健康寿命，28.6歳となっている。

10

第三齢代を豊かに生きる

Key word

福祉高齢社会
第三齢代
第四齢代
介護の社会化
公的介護

依存と介護という観念は，今のところ不要。だが，そのうち発見される。

福祉高齢社会　福祉社会のかかえる一つの重要な問題は，「高齢者」，いわゆる「第三齢代」の人たちが，どのように健康で，平穏に，心豊かにいきいきと生きるか，ということです。これなくして，これからの福祉社会は存立しないのです。

これまで述べたように，「高齢社会」とは，「齢代」の概念でいえば，「第三齢代」と「第四齢代」とから成り立っています。「第四齢代」とは，いわゆる，依存と介護の齢代です。人によっては，「第三齢代」からまもなく疾病や健康を害し，「第四齢代」へと進む人もいるでしょう。しかし，多くの人たちが，健康で元気に，生きがいを求めて長い，長い「第三齢代」を歩いていくのです。しかも，多くの家庭においては，子どもは独立し，夫婦二人だけの生活がはじまるのです。厚生労働省の発表（2002）によると，現在の日本の65歳以上の夫婦二人だけの所帯の数は，全所帯の28.6％にも及びます。そのなかで，60歳以上の家庭，すなわち，「第三齢代」の家庭が，58.6％を占めています。健康と心の生きがいを求めて，これらの人たちが，「第三齢代」の時代をどう豊かに生きるかの生き方が求められるのです。

いま日本では，人口の急激な高齢化にともなって，「介護の社会化」ともいうべき「公的介護」がはじまり，全国的な配備で特別養護老人ホームや老人保健施設の整備が進められています。特別養護老人ホームや老人保健施設の建設・整備といったものは，これからの「長寿社会」において解決していかなければならない緊急かつ重要な課題です。これなくして，安心してその社会で生きていくこと

のできる福祉国家の建設はできません。現在，国や地方自治体が多くの資金を投入し，多くの努力をはらって，その解決に邁進しているのは，そのためです。

しかし，それと同時に，人びとが依存と介護の「第四齢代」を迎えるまでの，いわゆる「第三齢代」といわれる長い時代をどう心豊かにいきいきと生きていくのかということも，それに劣らずきわめて重要な問題です。

定年 現在日本においては，毎年32万人のサラリーマンが定年退職し，あるいは，自らその職を退く人，早期退職制度，リストラなどによる退職者をいれると，150万の人が60歳の年齢を迎えています。さらに，2007年問題といわれる団塊世代のおよそ700万人の定年退職によって，定年後の人口は一層増大していきます。日本人の平均寿命，81.9歳，定年後の自由時間は，10万時間におよびます。

定年後の，あるいは，職を退いたあとの長い自由な時間をどう使うのか，定年後の新しい生き方の模索がはじまったのです。しかも，定年退職した夫婦の2組に1組の夫婦が，それまでの地縁，血縁の絆を絶って，新しい土地で，新しい生き方を求めているといわれています。とくに，東京をはじめとする大都市でそれまで仕事一途に打ち込んできたビジネスマンにその傾向は強いようです。

定年後の「第三齢代」を二世帯住宅のなかで子どもや孫と一緒に暮らす人，澄みきった空気と緑豊かな新しい天地に「終の住家」を求める人，新しいビジネスに挑戦する人，地域のボランティア活動に生きがいを見出す者などなど，新しい「第三齢代」の生き方の模索がはじまったのです。

定年後の「第三齢代」の生活では，さまざまなことが問題となります。健康や年金をはじめとする暮らしの問題，毎日の自由時間をどう過ごすか，そこには，健康や経済的な問題だけではなく，「心豊かに生きる」ということの心の問題があります。とくに，サラリーマンとして会社，官庁を心の支えとして生きてきた人たちは，退職と同時に経済的収入が途絶するだけではなく，心の支えが失われることにもなります。そこに，「生きる力」としての大きな心の空洞が生じ，「アイデンティティの喪失」という状況が生まれるのです。

「アイデンティティ」とは，「自分とはなにか」「自分はどう生きるべきか」ということに対する自分自身の認識です。定年後，何ごとに対しても意欲を喪失し，「うつ状態」に陥る人もいますが，それはまさしく，「生きる支え」「生きる力」としての「アイデンティティ」が失われたことによって起こったものです。人間は，決してパンだけによって生きているものではありません。

定年後に生じる膨大な自由な時間とともに，「アイデンティティの喪失」という定年後の心の危機をどう乗り越えるかが，これからの福祉高齢社会の一つの重要な問題となるのです。

Key word

定年
アイデンティティ
年金
年金家族

Key word

老齢基礎年金
アイデンティティの喪失

年金家族　年金は，社会保障制度の根幹をなすものです。職を退き，「第三齢代」にはいった人たちは，年金生活にはいります。職業上からくる所得がなくなった「第三齢代」「第四齢代」では，その所得を年金で保障してもらうということです。

現在の国民保険制度のもとでは，20歳から60歳までの人は，すべての人がなんらかの年金，たとえば，国民年金，厚生年金，共済年金などに加入し，保険料を納付しなければならないことになっています。

そのなかで，国民年金「老齢基礎年金」は，基本的には，65歳になれば給付を受けることができるようになっています。本人が希望すれば，60歳からでも給付されますが，そのかわりに減額されて支給されます。また，年金を受け取る時期を70歳（5年を越える期間のとき）まで伸ばせば，増額した金額を受け取ることができます。老齢年金は，受給する年齢になっても，受給資格期間（25年）が不足している場合には，年金を受け取ることはできません。

年金制度について平成12年（西暦2000年）4月から一部法律の変更がありました。その一つは，年金受給資格者が60歳から65歳まで働くと，減額支給されていたものが，それが65歳から70歳までになったこと，二つ目は，現役世代の賃金上昇にあわせて年金受給者の年金額を引き上げる「賃金スライド」がなくなったことです。ただし，物価上昇にあわせて年金額を上げる「物価スライド」制はそのままです。

いずれにせよ，将来の年金は，高齢者人口の増大，若年労働者の減少という高齢社会のもつ特有の特徴のために，年金支給がさらにきびしくなることが予想されます。

しかし，「第二齢代」を終わり，「第三齢代」「第四齢代」に入った人たちは，労働によって生活の糧を得ることはできないことは，明白な事実です。年金にたよる生活になることは，一般的には，すべての人にいえることです。

福祉社会の根幹をなす重要な課題の一つは，まさしく，「年金家族」として生きていけるかということにあるといわなければなりません。

「アイデンティティの喪失」を越えて　高齢社会を迎え，「第三齢代」を生きるためのさまざまな提言がなされています。医学者は，定年後どのように健康を維持し，それを増進していくか，エコノミストは，年金をはじめとする暮らしと経済，旅行業者は，豪華なパンフレットを作成し，海外旅行への夢を売り，識者はボランティア活動への参加を求めています。

事実，これからの21世紀に「高齢社会」における第三齢代の人たちの生き方は，これまでとは大きく違ったものになるでしょう。第一に，「長寿社会」においては，第三齢代の寿命が大きく伸びることになります。社会からも，第三齢代のそのあり余る長い時間を健康に，心豊かに暮らすためのさまざまな仕掛けがおこなわれると思

います。これからの第三齢代の人たちは，若者が「連想実験」でイメージするような暗い，弱い，じめじめしたイメージではないのです。多くの人たちが健康で，旅行に，おしゃれに，スポーツに，あるいは，新しい異性を求めて，人生をエンジョイすることを求めている人たちです。

とくに，「団塊世代」は，お金と時間をもった消費者とみなされています。自動車の購入，テレビ・パソコンなどといった消費が日本全体の消費を押し上げるいわゆるアクティブシニアとして，これからの日本経済を成長させるけん引役と期待されているのです。

いま第三齢代といわれる人たちが，都心に集まって住むようになって生きているといわれています。田舎は，確かに，空気もよく，自然がいっぱいです。しかし，一面，単調で，刺激もありません。その点，都会は，さまざまな刺激があります。しゃれた喫茶店やレストラン，書店，図書館や博物館，さまざまな催しもの，文化があります。病院も近くにあります。第三齢代の人たちの散歩も，川のせせらぎを聞き，空気のきれいな小路もよいけれども，大自然のなかでの変わらない景色に退屈を覚えることもあります。それに対して，都会の景色は，歩くごとに，次から次へと新しい刺激が視覚や聴覚を刺激します。その刺激につられて，ついつい長い散歩となってしまいます。福岡の繁華街，天神にも，その街を遊歩する第三齢代の人たちを見かけます。あちらの店をのぞき，こちらの店に入り，充実した，楽しむ姿が顔に浮かんでいます。

これからの第三齢代の人たちの生活は，これまで若者によってイメージされているような，弱者としての，社会の庇護のもとに生きる生活ではありません。もちろん，社会的庇護を受けながら生きる人たちもいるでしょう。しかし，第三齢代の多くの人たちが，「高齢者」ということで他の世代と明確に区別され，特別のものとして考えられていたのとは，大きく違い，端的にいえば，「齢代」の数が「一」，「二」から「三」へと増えたという意味で異なるだけの，エネルギーのある人たちであるということです。

これからの高齢福祉社会においては，これら第三齢代の人たちの生き方は，人それぞれ，多彩に満ちたものであると思われます。21世紀のなかで，第三齢代の人たちの新しい生き方が模索されているのです。福祉社会とは，これらの人たちの生き方を支援し，手助けすることです。そして，生きがいのある生き方の発見を支えてやることです。それが，まさしく，「Quality of Life（生活の質）」としての21世紀の福祉なのです。

そのためには，生きる力としての「アイデンティティの確立」を手助けすることです。第三齢代の人たちが自分を見出し，自分としての認識を喪失させることなく，自己に対する認識と信頼をもって生きることのできる社会を構築することです。

Key word

QOL
アイデンティティの確立

あくまでも街の遊歩。徘徊ではない。

問　題

1) 「第三齢代」の生き方について考えてみましょう。

2) 定年によって起こる「アイデンティティの喪失」について考えなさい。

3) 福祉社会における年金について考えてみましょう。

4) 長寿社会における生き方について考えてみましょう。

Box － 10　老後の不安

　内閣府は，2004年6月，全国の成人10,000人を対象にした「国民生活に関する世論調査」の結果を発表している。それによると，国民全体として「日常生活のなかで悩みや不安を感じている」人の数は，1958年，調査を開始してから65.8％の最高を記録し，反対に，今後の生活が「良くなっていく」と答えた人は，過去最低の9.1％である。なお最近10年間の傾向をみると，「日常生活のなかで悩みや不安を感じている」人は，1990年には，およそ46.8％，「感じてない」人は，およそ51.0％で，不安や悩みを「感じていない」人がその数値で上回っていたのに対して，そのあと10年間は，不安や悩みを「感じている」人のパーセンテイジがほぼ一貫して上昇しているのに対して，不安や悩みを「感じていない」人の数は減少の一途をたどっている。これは，わが国の景気動向の傾向と一致し，とくに1995年以降，リストラをはじめとする厳しい雇用情勢を反映し，現在や将来に対する生活の不安を感じている人が増大していることを示している。とくに，不安や悩みは，50代の男子に高く，その値は，70.8％である。

　不安や悩みの具体的な項目を尋ねたところ，「老後の生活設計」が51.8％，「今後の収入，資産の見通し」が38.7％で過去最高となり，デフレ傾向の続く現在の経済状況のなかでの将来の生活設計に対する悩みや不安が浮き彫りにされている。

　60歳以上の高齢者男女に対する「悩みやストレスの内容」についての，内閣府による日本，韓国，アメリカ，ドイツ，スウェーデンの5カ国における調査によると，「自分の健康や病気」が，日本，韓国，アメリカ，ドイツの4カ国でもっとも高く，スウェーデンでは「子どもや孫の将来」となっている。次に高いのは，韓国では「生活費」であるが，他の国では，「同居している家族の健康や病気」「子どもや孫の将来」と続いている。また，高齢者に対する政策や支援で重要なものについては，すべての国で「公的な年金制度の充実」を第一位にあげており，次いで，「医療サービスの整備・充実」，「介護や福祉サービスの整備・充実」である。そのなかで，韓国とアメリカでは，「働く場所の確保」が第三位となっている。

　さらに，「現在の生活満足度」を調査した結果によると，「現在の生活に満足している」のは，アメリカがもっとも高く，スウェーデン，ドイツ，日本，韓国の順になっている。反対に「現在の生活に不満である」のは韓国がもっとも高い。（内閣府，2002）

Box－10　生き生き第三齢代「世界一周クルーズの旅」

　定年退職後にどのような人生をおくるかは人それぞれの思いがある。わたくしたち筆者は、その思いを世界一周クルーズという夢の実現からスタートした。退職後すぐの4月2日から7月14日までの104日間という長い船旅で、16カ国、24港をめぐり、ユーラシア大陸、アフリカ、南アメリカ、北アメリカの世界の四大陸を歴訪するという遠大な旅である。

　この世界一周クルーズは「夢の実現」である。なぜ、クルーズにこんなにも魅せられたのか。この夢は中学生時代にハワイからやってきた伯母を見送りに、九州から横浜へ行き、そこに停泊していた豪華客船の輝かしさが強烈に記憶に残っていたからである。それは、その見送りの日から50年以上も温めてきた、いつの日かエリザベス号に乗って外国に行きたいという夢であった。

　最近では、外国旅行はめずらしくない。しかし104日間の世界一周クルーズとなれば、話が違う。まわりから羨望の目がそそがれた。まず、お金が高額である。次に、時間が、暇がなければいけない。確かに、この二つは乗客の平均年齢は69歳であることからうかがうことができる。お金と時間の問題は定年退職後の人にはわりに実現可能な要件であったようで、団塊世代の参加がかなり多かったことでも推察できた。さらに、自分のまわりにある諸々の問題をクリアしなければ心ここにあらずの旅になってしまう。

　この夢の実現について、「いなぎICカレッジ・プロフェッサー講座」の市民の学習の場で講話をすることになった。この講座は平成15年10月からスタートして、市民ボランティアが講座の運営を担い「市民が市民のために市民が講師」となって事業をすすめているものである。

　今回の話の内容は、「夢の実現！豪華客船による世界一周クルーズの旅」、世界文化遺産、世界自然遺産をはじめ、世界の歴史、世界の人びとと触れながらの旅を実感してもらうということである。

　　　第一回　観光心理学と夢の旅、世界一周クルーズ
　　　第二回　豪華客船での人、おしゃれ、グルメ
　　　第三回　未知の世界をかじる五感の旅
　　　第四回　世界遺産ピラミッドとコルコバードの丘
　　　第五回　オーストラリアに定年後の楽園を見た
　　　第六回　第三齢代と21世紀の福祉社会

（参考書：わくわく定年　豪華客船「ぱしふぃっくびいなす」
　　による世界一周クルーズの旅　西日本新聞社　宮原和子著）

Box — 10　高齢者データでみる同居率

　2004年に発表された「厚生労働白書」によると，日本における高齢者，すなわち，「第三齢代」と「第四齢代」の人たちの生活白書が明らかにされている。

　2000年における65歳以上の人が全人口に占める割合は，19.5％である。それが2005年（総務省）には0.5ポイント増えて20.0％に達し，国民の5人に1人が65歳以上の高齢者となった。それが2015年には26.0％，4人に1人，2050年には35.7％，3人に1人となると推定されている。

　家族の形態は，子どもと同居している者は，50.3％（1998年）ともっとも高いが，20年前の同居率は69.0％で，その数値は年々低下の傾向にあり，2010年には，夫婦だけの世帯と同数の39.7％に落ち込むことが予想されている。図10-1は，1975年から2010年に至る高齢者の住まい方の推移を示したものである。一方，この白書は，同じ敷地に住む「準同居」や「近居」が増えていることを示している。

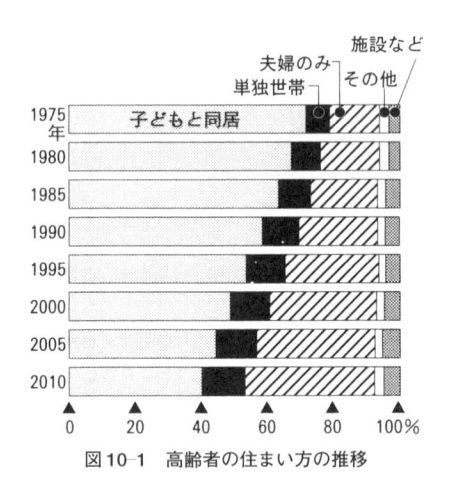

図10-1　高齢者の住まい方の推移

　いずれにせよ，日本も，確実に欧米型，すなわち，子どもから離れて夫婦だけで生活する方向へ向かっていることは確かである。

　その夫婦だけの生活から一人暮らし，独居老人が増加している。東京都が2005年の国勢調査をもとに，2025年までの世帯数の推移に関する予測をおこなっている。それによると，25年に世帯主が65歳以上の世帯は，213万世帯で，都内全世帯の3分の1になる見込みであるという。なかでも65歳以上の一人暮らしは05年の1.8倍に増加し，65歳以上の4人に1人は一人暮らしになると予想している。

　都内の世帯数は20年に636万世帯とピークを迎え，以後，25年には減少に転じるが，世帯主が65歳以上の世帯は25年まで一貫して増加し，とくに急速な高齢化を反映して，世帯主が75歳以上の世帯の増え方が著しく，25年には05年の2倍以上増加するという。（日本経済新聞　2009.3.31より）

安寧であること。不思議とさびしくはない。

安寧。町がぎすぎすしていない。適度に寄り添い適度に離れて。

11

「第四齢代」－依存と介護

Key word

齢代
第三齢代
第四齢代
公的介護
特別養護老人ホーム
老人保健施設

第三齢代から第四齢代へ　本書のなかでは、「齢代」という概念で人間の一生を考えようとしています。とくに、「高齢社会」を「齢代」の概念でとらえることによって、「高齢社会とはどんな社会か」「そこにはどんな問題があるのか」といった、いわゆる「高齢社会」のもつ特質と問題が明らかになるのです。

一口に「高齢社会」といっても、二つの「齢代」から成り立っていることがわかります。一つは、「第三齢代」です。「高齢社会」「長寿社会」とは、この第三齢代をどのように健康で心豊かに生きるかということにほかならないのです。そのあとにくるのが、依存と介護の「第四齢代」です。日本において、いま「高齢社会」のもつ問題として注目を集めている「公的介護」や「特別養護老人ホーム」「老人保健施設」といった問題は、「第四齢代」に属する問題であるといえましょう。

安心した心豊かな福祉高齢社会を建設するには、三つの問題を解決しなければなりません。しかも、それは「齢代」という概念を用いることによってその問題を明確にとらえることができるのです。

一つは、前の章で述べたように、職を退いたあとの第三齢代をどのように健康で心豊かに生きることのできる社会をつくるかということです。

第二の問題は、「第三齢代から第四齢代への移行」の問題です。第三齢代を心豊かにいきいきと生きた人も、いずれは依存と介護の第四齢代へと入っていきます。そこでは、いかにスムーズに安心して移行させるか、という問題があります。一部のホームなどで問題に

なっているトラブルは，ホームに入居するときは病弱になっても最後まで面倒をみるといいながら，いろいろな理由でそれを放棄することによって起こるトラブルです。それは，いってみれば，第三齢代から第四齢代へ移ることで起こる問題であるといってよいでしょう。また，特別養護老人ホームや老人保健施設に入居するのに，すぐに入居できず，長い時間待たされるといったことも，移行の問題の一つであるといってよいでしょう。福祉高齢社会においてきわめて大切な問題の一つは，第三齢代といわれる時代を心身ともに健康で心豊かに生きるということだけではなく，第三齢代を生きた人たちがその身体的，精神的能力の衰退に応じて，介護と依存の第四齢代へどのように安心して移っていくのか，ということです。

最後の問題は，「第四齢代」の問題です。

第四齢代　第四齢代，それは依存と介護の時代です。依存と介護。それは，同時に，「自立」と「依存」という一見相矛盾することばの葛藤のなかで生きることでもあるのです。しかし，この二つのことばは，決して相矛盾するものではありません。それぞれが相補い，助け合うものです。第四齢代を生きる者にとっては，「介護」は究極には「自立」のためであり，「自立」は「介護」の助けによって達成されるものであるからです。

介護や介助によって自立を促すものとしてつくられた福祉施設が「老人保健施設」です。老人保健施設は，病状が比較的安定し，病院に入院し治療の必要はないが，何らかの理由で家庭で介護ができない人に対して，介護や介助をおこない，自立を援助し，家庭への復帰を目指すことを目的としてつくられものです。この施設は，20世紀の終わりまでには，ベッド数27万を目標にしてつくられています。第三齢代から第四齢代の移行のなかで，より第四齢代に傾斜した施設と考えてよいでしょう。

一方，高齢社会の一つのあるべき姿として，福祉先進国といわれるデンマークでノーマライゼイションの思想が生まれました。高齢者は終生の住処において普通の生活をしてこそ，最高の人生であるという思想です。高齢者の「自立」した生活こそ，最高であるというものです。それは具体的には，寝たきりをつくらないという考えになって現れています。高齢者の先進国，スウェーデンやデンマーク，アメリカにおいては，「寝たきり」がきわめて少ないことが指摘されています。

さらに，デンマークなどにおいては，高齢者自身の「自立」によって，在宅生活への欲求を強め，ホームヘルパーの24時間派遣によって病院からの退院を勧めて在宅自立を助けるような社会的なシステムもできています。高齢者をむやみに施設に収容することなく，在宅で福祉を享受できるというものです。オーストラリアのナーシング・ホームやホステルも，その施設のつくりにおいても，家庭の延長としての家庭的な雰囲気をもたせ，入所者は家庭で使っていた家具や思い出の品などをもってくるなど，家庭への想いやア

第四齢代に安心が読みとれるか。

Key word

自立
依存
介護
ノーマライゼイション
寝たきり

Key word

ノーマライゼイション
自立
寝たきり

イデンティティ，価値観を喪失しないような配慮がなされています。これも，一つのノーマライゼーションの思想であると考えてよいでしょう。

在宅生活であろうと施設における介護であろうと，第四齢代の依存と介護の時代を安心して過ごせることが，福祉高齢社会の重要な課題なのです。

自立への道　　ある老女の記録です。

現在91歳になるM女は，5年前胃病で入院加療中にベッドから転落，骨折し，整形手術後のそれ以後はほとんど「寝たきり」のまま自宅で介護を受けていました。介護する一人娘も70歳になんなんとして，身体的に障害をもっていました。当然，ベッドからの抱き起こしや食事の世話といったかなりの力を必要とする毎日の介護のなかで，介護者自身が腰を痛め，介護できなくなってしまったのです。M女は，介護者が介護できなくなったために老人保健施設に入所することになりました。

入所してから3日間，軽障害者である娘と別れて施設へ入所したM女は，環境の変化からか，「家に帰りたい，でも帰れない」と言って強い不安感を示しました。夜は一睡もすることなくナースコールを押し続け，オムツの交換を頻繁に依頼しました。食事のときは看護師が階下の食堂まで車椅子で連れていき，他の入所者と一緒に食べますが，食事はまったくおいしくないといいます。カウンセラーに退院の日を尋ね，早く自宅に帰りたいと言います。昼間は眠りたいといって疲れた様子を示し，同部屋四人とも話そうとはしません。

入所から1か月経ったころ，精神的な安定がみられるようになりました。一日のうちで食事の時間が楽しみになり，長女の腰痛の心配をするまでに精神的な落ち着きがみられるようになったのです。

入所50日目になると，入浴の時間を楽しみに待つまでになりました。入浴を前にしてリハビリの成果を示すために，リハビリ用のバーを使って往復するまでに回復したのです。

65日目になると，ベッドの横に置かれている移動トイレを介護者の助けをかりて使用でき，トイレの自立をしようとする気持ちがあらわれました。隣のベッドの80歳の人に，この施設の人は非常に恐い人でよく叱られるなどと話し，社会批判もするようになりました。また，夜遅く，深夜の12時まで昔話をするというところまで回復しました。雑誌を手にとって眺める，ときには，食事の帰りにロビーでテレビを見，顔見知りの人と話すようになってきました。食事にいくときには，車椅子を自分で動かして廊下を移動し，介助を受けながら食堂へいくこともできるようになりました。自分の足で歩くことへの不安はありますが，車椅子を動かすなど考えもしなかった1か月前に比べて，自力で移動しようとする自立への意欲が回復の早さを感じさせるものでした。

入所から95日目にもなると，介助なしで移動トイレが使用できるようになるまで回復し，車椅子を自分で操作して介助をうけなが

らも食事にいくようになりました。

110日目には，自分の力で寝たきりの状態から脱しようとして起きあがって話しかけてきました。

入所140日目には，顔の表情に明るさがみられました。この施設は6か月で退所することになっているから，「もうすぐ家に帰れる」とうれしそうな表情を浮かべて語ることができるようになったのです。「自分はできるんだ」という意思表示からでしょうか，車椅子はまったくの自力で動かし，食堂にいくようになり，大きく自立への道を歩みはじめたのです。

自立と介護，それは決して相矛盾することばではありません。M女の姿のなかに，介護と介助のなかで自立への道を歩いていった足跡をみることができます。依存と介護の第四齢代においても，それぞれのおかれた状況と環境のなかで自立への道が求められるのです。

超高齢社会 21世紀は，65歳以上の人たちがあふれる社会であると同時に，「超高齢社会」の到来でもあります。1988年，イギリスのケンブリッジにおいておこなわれた「21世紀へ」と題する「第一回U3A（第三齢代の大学）シンポジウム」において，21世紀の高齢人口の統計的予測がおこなわれています。

それによると，中国やインド，旧ソビエト連邦，アメリカ合衆国がもっとも大きな高齢者人口をかかえることになります。その次が日本で，そのあと，ブラジル，インドネシア，パキスタン，メキシコ，バングラディシュ，ナイジェリアと続きます。

ちなみに，これらの国の60歳以上の人口を1975年と2025年で比べると，その増加は，3倍から6倍に達するものとなります。たとえば，

	1975年	2025年
中　国	7,400万から	28,400万へ
インド	3,000万	14,600万
旧ソ連	3,400万	7,100万
アメリカ合衆国	3,400万	6,700万
日　本	1,300万	3,300万
ブラジル	600万	3,200万
パキスタン	300万	1,800万
メキシコ	30万	1,800万

というようにです。

長寿とともに，将来的には全人口の減少もいわれている日本においても，高齢人口の増大は，全人口に対する割合を急速に増大させるものと思われます。

しかし，問題は，高齢者人口の比率の増大だけではありません。超高齢者人口の増大が急速に起こることです。たとえば，2025年までには，80歳以上の人びとがイギリスにおいては200万人に達し，

Key word

自立と介護
超高齢社会
U3A

リタイヤメント・ヴィレッジという発想。

中国では，80歳以上が2,500万人，インドでは，1,000万人，アメリカ合衆国では，760万人になることが予測されています。日本においても，2000年の485万（総人口の3.8％）から，2030年には，1,418万（総人口の12.1％）へと急増することが推定されています。さらに，厚生労働省の発表（2005）によれば，わが国の100歳以上が25,606人となり，老人福祉法が制定された1963年の153人から'98年の1万人，'03の2万人へと急増しているのです。このことは介護や手助けを必要とするような年齢の高齢者が急速に増大しているということです。

まさしく，21世紀の社会は，高齢社会であると同時に介護と介助を必要とする第四齢代，いいかえれば，「超高齢社会」の到来となるのです。

問　題

1) 高齢社会のもつ三つの問題を「齢代」の立場から述べなさい。

2) ノーマライゼーションの思想について述べなさい。

3) 「自立への道」を一つの例で考えてみましょう。

4) 「超高齢社会」とはどんな社会ですか。

Box − 11　高齢者のおもちゃ

　最近，ユニバーサル・デザインという考えが台頭している。バリアフリー・デザインよりも，さらに一歩進んだ考えを取り入れたデザインである。ユニバーサル・デザインとは，ある特別の対象に対してというよりも，一人一人のみんなのためにデザインされた物や施設のことである。

　おもちゃについても，子どももおとなも，高齢者はもちろんのこと，すべての人が，一人で，あるいはみんなと一緒に遊べるものである。これは「ユニバーサル・プレイシング」（久保田，2000）とよばれている。ユニバーサル・プレイシングは，「（そのおもちゃに接すれば）心が動き，頭とからだが動きだす。その結果，子どもの能力は開発され，高齢者は，機能の訓練や維持，回復に結びつく。そして，父親や母親は，ストレスが解消されるかもしれない」。みんなが遊べ，楽しく遊ぶことを期待してつくられたおもちゃである。これらのユニバーサル・プレイシングのおもちゃは，ヨーロッパにおいては，リハビリテーションや，高齢者の機能維持のために用いられている。

　ある老人保健施設で，このおもちゃに類似した物を使って，10人ぐらいの高齢者が輪のテーブルで楽しく遊んでいた。高齢者の遊び心を刺激して，脳の働きの活性化をねらったものである。2,3人はビーズの紐通しをして，それでネックレスをつくっている。数人は小さなガラスの破片のような物を組み合わせて，独創的なデザインを考えながらモザイク模様の抽象的な絵画を創作している。2人でトランプのババ抜きをしている人もいる。もともと好きだった編み物をもくもくとやっている人もいる。みんなが楽しそうに，適当なおしゃべりを交えながら，自分の好きな遊び道具をつかって楽しい時を過ごしている。一人の女性を中心に昔うたった歌の合唱がはじまった。他の人も手を休めて歌いはじめる。この光景を見ていると高齢者の遊び心がまさに生きているという感じである。

　ヨーロッパの公園では，人がチェスをしているところに出会うことがある。また，オーストラリアでは，野外ボーリングのような「ボールズ」という遊びに真剣なまなざしで取り組んでいる高齢者の姿が散見される。屋内では，オーストラリアでのＵ３Ａ（第三齢代の大学）では，カードに夢中になって遊ぶ光景もみられる。

　　人は，遊びをせんとや生まれけむ
　　　　戯れせんとや生まれけん
　　　　遊ぶ子どもの声きけば
　　　　わが身さえこそゆるがるれ（梁塵秘抄）

なのである。

遊びをせんとや生まれけむ。　　　　　　　戯れせんとや生まれけん。

12

施設とケア

Key word

介護の社会化
老老介護

　介護の社会化　2000年4月より介護保険制度がスタートしました。これからの超高齢社会のもつ大きな問題は，介護を必要とする人たちに対してどのようなシステムでどのようにして介護をおこなっていくか，ということです。高齢化にともなって起こる介護の問題は，これまで家庭のなかでおこなわれてきました。介護を必要とする者が出ると，身内や家庭のなかの誰かがそれを支え，援助してきたのです。しかし，身内や家庭のなかの誰かの支えでは律することができなくなったのです。その肉体的，精神的負担は大きく，身内や家族の力では支えきれなくなったのです。介護を必要とする者をかかえた家庭では，介護者がいないためにそれまで長く勤めた会社を退職し，介護にあたる人も現れました。また，家庭で介護される者が92歳，介護する子どもが70歳という，いわゆる「老老介護」，超高齢者の家庭も出現するようになったのです。

　このように社会の高齢化現象が一つ一つの家庭のなかに浸透するなかで，高齢社会における介護は，社会全体でおこなうべきだという考えが台頭し，「介護の社会化」という意味をもった介護保険制度が発足したのです。介護を必要とする第四齢代の人の介護の程度を要支援，要介護1，要介護2，要介護3，要介護4，要介護5に分け，その程度に応じて自治体が介護料を給付しようというものです。その介護料は，40歳以上の人が毎月支払う保険料でまかなわれます。そのため，保険料を支払う40歳以上の人たちの経済的負担は重くなりますが，基本的には，これまでのように家庭で介護していた身内の人たちの身体的，精神的負担や苦労は，大きく軽減されること

になります。介護保険制度は，高齢社会がもたらした「介護の社会化」なのです。

老人保健施設　わが国における今日の高齢者のための福祉施設は，養護老人ホーム，特別養護老人ホーム，老人保健施設，ケアハウス，高齢者生活福祉センターなどがあります。それに対して，高齢者が在宅サービスを受けることができるものに，ホームヘルパー，デイサービス，ショートステイ，在宅介護支援センター，老人訪問看護ステーションなどがあります。

ところで，高齢者のための福祉施設は，1963年に老人福祉法が「老人は，多年にわたり社会の進展に寄与してきた者として，かつ，豊富な知識と経験を有する者として敬愛されるとともに，生きがいを持てる健全で安らかな生活を保障されるものとする」（第2条）といった基本理念のもとに，高齢者に対する国家的な取り組みとして制度化したことにはじまりました。

さらに，1973年に「福祉元年」として新たな福祉政策への取組みをおこない，70歳以上の高齢者の医療費を無料にする政策を，そのあと1982年には，この老齢者医療費を一部有料化することなど一部改正と，老人保健法を制定し，さらには，1986年，この老人保健法を改定し，老人病院と特別養護老人ホームとの中間に老人保健施設を創設しました。このように，高齢社会への対策として法改定をおこないながら，今日の福祉施設へと形づくられていったのです。

老人保健施設は，「1）老人の自立を支援して家族復帰を目指すものでなければならない。2）明るい家庭的な雰囲気を有し，地域や家庭との結び付きを重視した運営を行なわなければならない」という基本方針のもとに設置されるようになっています。この施設は，病状が安定した状態にある要介護老人に対して，リハビリテーションや看護介護を中心とした医療ケア，および生活サービスなどをあわせて提供するようになっています。

このような方針のもとに，この施設には，療育室，診療室，機能訓練室，談話室，食堂，浴室，レクリエーション・ルーム，洗面所，便所，サービス・ステーション，調理室などがあります。ここでは，病床数100床あたりに必要な職員は，医師1人，看護師8人，介護職員20人，その他となっています。

入所者が受けることのできる具体的なサービスは，離床期や歩行期のリハビリテーション，日常生活動作訓練，体位交換，清拭，食事の世話，入浴などの看護，介護サービス，医療ケア，教養娯楽などのレクリエーション，などです。

特別養護老人ホーム　特別養護老人ホームについては，老人福祉法第11条のなかで，「市町村は…，65歳以上の者であって，身体上または精神上著しい障害があるために常時の介護を必要とし，かつ居宅においてこれを受けることが困難なもの…を当該市町村の設置する特別養護老人ホームに入所させ…」さらに，「入所者に対し健

Key word

老人保健施設
特別養護老人ホーム

全な環境の下で，社会福祉事業に関する熱意，及び能力を有する職員による適切な処置を行うよう努めなければならない（基本方針，第二条）」と規定しています。

この特別養護老人ホーム施設には，居室，静養室，食堂，浴室，洗面所，便所，医務室，調理室，介護職員室，看護職員室，面談室，などがあります。そこでの職員は，施設長，医師，生活相談員，看護職員，栄養士などがいます。ここでは，原則として4人部屋がほとんどであり，個室はほとんどないのが現状です。

入所者の条件として次のことが決められています。1）健康状態として，入院加療を要する病態でないこと，伝染性疾患を有しほかの被措置者に伝染させる恐れがないこと。2）日常生活動作の状況，入所判定審査票による日常生活動作事項のうち，全介助が1項目以上及び一部介助が2項目以上有り，かつ，その状態が継続すると認められること。3）精神の状況，入所判定審査票による認知症等精神障害の問題行動が重度又は中度に該当し，かつ，その状態が継続すると認められること。ただし，著しい精神障害及び問題行動のため医療処遇が適当な者を除く。

デイケア　ひとはだれでもできることなら生涯を自立した生活をして過ごしたいと願っているものです。しかし，若いころは元気であっても，いつ，どんなかたちで加齢による身体的，精神的な健康を喪失するかはわかりません。あるいは，独居老人であれば，ひとり暮らしの生活が無理になることもあります。

最近，介護が必要になったとき，これまでは息子や娘に頼るといったことが常識のようにおこなわれていたわが国の介護の事情は変わってきました。その一つが「老老介護」です。そこで，これまで家族だけで支えてきた介護・介助を社会規模でおこない，そのコストは健常な人から，つまり，40歳以上の人にサポートしてもらうことになったのです。いわゆる介護保険が平成12年4月から導入されました。

こうして，身体的，精神的な障害をもった人が，この介護保険を利用することができるようになりました。介護保険を利用することによって介護サービス，介護予防サービスを受けることができるのです。

介護サービスのなかでデイケア，介護予防通所リハビリテーションがあります。要支援や要介護に認定されると，そこでは，日常生活上の支援などの共通的なサービスと，その人の目標に合わせて選択的なサービス，たとえば，運動器の機能向上や，栄養改善，口腔機能の向上，アクティビティなどを提供してくれます。サービス費用は要支援2で月46,664円の一割負担です。

筆者（宮原和子）の例を参考までに述べてみましょう。それまで病気とは縁のなかった自分がまさか介護保険を利用するとは想定外でした。圧迫骨折，脳血腫除去の手術を受けて入院生活40日後，リハビリを受けたにもかかわらず自分の足で自由に歩行することがで

きなくなったのです。友人のすすめもあり，入院中にケアマネージャに依頼して介護の申請をしました。退院後の1ヶ月は実費でホームヘルパーによる訪問入浴介護や掃除，調理などの支援サービスを受けながら，リハビリに通院しました。申請して1ヶ月後に支援2の認定を受けたので，一週に2日のデイサービスを受けるために送迎付きの施設に通所することになりました。福岡市のその施設はお風呂が武雄の温泉ということで，入浴が楽しみな高齢者が集まっています。通所介護を受けている人のほとんどは支援で，介護認定の人は施設に入所しています。およそ30名の支援と介護認定の人が集って，午前中は全員で体操，遊び，入浴，午後はマッサージとお花か，習字の稽古をしながら9時から午後3時までを過ごしてきました。

　元気を取り戻さない私に，子どもが東京での同居を希望しました。終の棲家は福岡の「ももちタワー」であると夫婦で思っていましたが，私の怪我で夫も仕方なく77年間住み慣れた福岡から東京へと移動したのです。

　東京でのデイケアはケアマネージャの推薦する施設に1ヶ月ごと3か所変更しました。福岡の施設がよかったので，自分に合ったデイケアがなかなか見つからないまま，我慢を重ねつつ，しかも，同じ支援2であっても，施設の利用回数は一週間に1日だけという厳しさです。現在通所している施設は，開所したばかりの「きずなデイサービス」でした。70歳から93歳までの10名という少人数で，干渉波（電気マッサージ），ゲルマ，超音波，エアロバイク，サンフィットREXなどの運動機器などを自分の健康状態に合わせて利用し，健康回復を進めていくことが可能なところです。軽い認知症のほかは，利用者もほとんどが身体的な障害者が多く，精神的に落ち着いて過ごすことができます。デイサービスの利用もそろそろ1年以上の利用によってその効果がみられるところまでたどりついたようです。

問　　　題

1) 「介護の社会化」とはどんなことでしょう。

2) 「老人保健施設」はどのような目的で設置されましたか。

3) 「特別養護老人ホーム」について述べなさい。

4) 「デイケア」の一例について考えなさい。

Box－12　介護保険制度Q＆A

　平成12年（西暦2000年）4月から新しく「介護保険制度」がスタートした。この制度は超高齢化社会を迎えた日本が，平均寿命の伸びにともなって介護が必要とされる人口の増大と，一方，介護者の年齢の上昇，家庭内介護の限界等から，要介護高齢者の介護を社会全体の問題としてとらえることを目的として法的に制度化されたものである。

　この制度では，高齢者の介護を40歳以上の人びとの介護保険料でまかない，認知症や寝たきりなどの高齢者の介護サービスを提供することになっている。それでは，介護保険制度について，Q＆Aで述べてみよう。

Q．介護保険のしくみはどのようになっていますか。

A．介護保険制度の運営はそれぞれの地方自治体によって，運営されることになっています。福岡市の場合でいえば，保険者は福岡市であり，被保険者，介護保険の加入者は40歳以上の人です。被保険者で65歳以上の人は第1号被保険者であり，40歳以上65歳未満の人は第2号被保険者となります。第1号被保険者は介護や支援が必要な場合には，原因の如何にかかわらず福岡市の認定後，介護保険のサービスを受けることができます。

　第2号被保険者の場合は，老化が原因で発生した特定疾病，たとえば，初老期における認知症や，骨折をともなう骨粗鬆症，脳血管疾患，糖尿病性神経障害，糖尿病性腎症，慢性関節リウマチなどによって介護が必要であれば，認定後介護保険のサービスが受けられることになっています。

Q．保険料はどのようにして納めるのでしょうか。

A．保険料は第1号被保険者と第2号被保険者は違います。第1号被保険者は，年金から差し引かれますし，第2号被保険者の場合は国民健康保険に加入している人は，国民健康保険の医療分と介護分を合計した金額を世帯主が納付することになっており，職場の健康保険に加入している人は，それぞれの医療保険の金額とあわせて給与から徴収されることになります。

Q．介護サービスを受けるための手順を教えてください。

A．介護サービスは利用者が自分で選択します。サービスには，施設3種類と在宅サービス12種類があります（服部，2000）。それぞれのサービスを受けるためには，いずれにしても，要介護の認定を受けなければなりません。そのためには，1) まず高齢（障害）保健福祉課に申請します。認定結果は申請を受理されてから30日以内に認定通知がくることになっています。

　申請すると，次に，2) 市の職員か介護支援専門員（ケアマネジャー，保健師，看護師，介護福祉士，ソーシャルワーカーなど）による訪問調査がおこなわれます。そこでは，心身の状況について，たとえば，麻痺などの有無，歩行，立ち上り，じょくそう（床ずれ）の有無，排尿，排便の後始末，衣服着脱，食事摂取，視力，聴力，意思の伝達，日常生活自立度等の基本調査や概況調査があります。その調査票に基づいてコンピューターによる一次判定で，要介護か，要支援か，自立が判定されます。その結果をもとにして，要介護と要支援の人には，二次判定があり，3) かかりつけの主治医からの意見書を作成してもらって，両者を4) 介護認定審査会において，審査，判定し，介護サービスの状態区分が決定されます。

　次には，5) その結果を踏まえて，「非該当（自立）」と，予防的な措置が必要な「要支援Ⅰ，Ⅱ」と，介護が必要な「要介護1～5」に分類されることになります。「非該当（自立）」では，介護保険によるサービスは受けられません。「要支援」は，掃除等の介助など在宅サービスを受けることができます。「要介護1～5」の人

は在宅サービスや施設サービスを受けることができます。「要介護5」の人は自分で食事や排泄，歩行などができないし，問題行動があるといったもっとも重症であると判断された人です。次に，それぞれの認定に従って，6）介護サービスの計画をそれぞれの心身の状況に応じてケアマネジャーと話し合いによって作成してもらいます。それによって，7）介護サービスが開始されるのです。

Q．具体的にどのようなサービスが受けられ，その費用は？

A．介護保険のサービスは無料ではありません。在宅サービスの場合と施設サービスの場合を分けて説明しましょう。在宅サービスの場合，利用した保険給付費の1割を自己負担することになっています。受けられるサービスとして，「要支援」では，1か月に週2回の通所リハビリテーション，「要介護1」では，1か月に週2回の通所リハビリテーション，または，通所介護を含めて，毎日なんらかのサービスを受けることができます。「要介護2」では，週3回の通所リハビリテーション，または通所介護を含めて，毎日なんらかのサービスを受けることができます。「要介護3」は，夜間（または早朝）の巡回訪問介護を含めて，1日2回のサービスを受けることができます。さらに，医療の必要度が高い場合には，週3回の訪問看護を，認知症の場合には，週3回の通所リハビリテーションまたは，通所介護を含めて，毎日サービスを受けることができます。「要介護4」では，夜間（または早朝）の巡回訪問介護を含めて，1日2，3回のサービスを受けることができます。さらに，医療の必要度が高い場合には，週3回の訪問看護を，認知症の場合には，週5回の通所リハビリテーションまたは，通所介護を含めて，毎日サービスを受けることができます。「要介護5」は，夜間（または早朝）の巡回訪問介護を含めて，1日3，4回のサービスを受けることができます。さらに，医療の必要度が高い場合には，週3回の訪問看護を受けることができます。それぞれのサービス内容と費用は地域によってやや異なっています。詳細は，地方自治体の保険福祉課，社会福祉法人立医療機関や施設，およびそれぞれの地域の指定事業者に問い合わせることです。

　施設サービスの場合は，それぞれの施設に入院すると，その負担額が決まっています。すべての施設において，保険給付費の1割と食費代や，日常の生活に必要な費用は自己負担となります。地方自治体によって，あるいは，施設や要介護状態区分によって，やや異なってはいますが，おおよその目安として，介護老人福祉施設（特別養護老人ホーム）では，食費を含んで約5万円，介護老人保健施設（老人保健施設）では，およそ5万3千円，介護療養型医療施設（療養型病床群等）で，およそ6万円となっています（福岡市，介護保険べんり帳2000，第2期介護保険事業計画，2005参照）。

安寧の風景。ゲームは戦闘の代償ではない。

13

高齢者施設－オーストラリアからの報告

Key word

拡大家族
核家族

ガラガラを見つめて。

新しい時代の到来　アメリカやヨーロッパ，あるいは，オーストラリアの人たちと，わたくしたち日本人の生き方とは，宗教や生活様式もさることながら，人生の生き方が随分違っています。とくに，それぞれの国において現われてきた高齢社会において，高齢者，すなわち，第三齢代と第四齢代の人たちの生き方とその人たちを取り巻く社会的な認識が大きく異なるようです。

　日本においては，かつては年老えば，娘夫婦や息子夫婦，孫と一緒に同じ家に住み，盆栽や孫の世話をしながら一生を過ごすというのが，老後の理想的な生き方であると考えられたこともありました。いわゆる，拡大家族としての生活です。いまもそれを求める高齢者も決して少なくありません。

　しかし，ここ数十年の社会環境の変化が，この人たちの生活環境と意識を大きく変えはじめています。その一つは，高度経済成長がもたらした都市化現象です。高度経済成長にともなって起きた若年労働者の都市への移動は，核家族を出現させ，その親は田舎に残される生活となりました。さらにそれに拍車がかかったのが，人間の寿命が伸び，高齢社会の出現でした。これまで人類がかつて経験したことのない，高齢者，すなわち，第三齢代と第四齢代の人たちで充ちた社会が実現したのです。あるいは，実現しようとしているのです。とくに日本は，フランスやイギリス，アメリカなどの他の先進諸国にない急激な速度で人口の高齢化が進んできたのです。1970年には65歳以上の高齢者が全人口の7％であったものが，1994年には，14％を突破し，国連でいう，いわゆる，「高齢社会」になっ

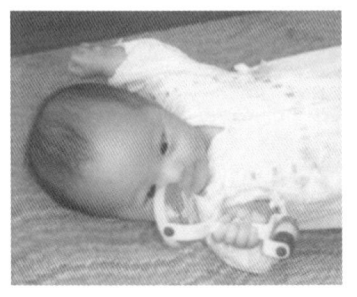

たのです。このような急激なかたちで高齢化が進んだ社会は，これまで人類が経験したことがないものでした。それは必然的に生活環境の変化と意識の変化，さらには，さまざまな社会制度の変革をもたらすものでした。21世紀の日本の高齢社会は，その時代にマッチした社会制度の充実とそこに住む人間の意識の変化，新しい生活環境の創造を模索し，求められるものとなったのです。

欧米社会の生き方

欧米社会においては，よく指摘されているように，子どもが一人の人間として成長すれば，子どもは独立して新しい家庭をもち，親は子どもと離れて別の生活を送るというのは，当然のこととして考えられています。子どもは子どもとしての生活を送り，親は親としての別の生活を送るというものです。そのなかで，親は自分たちの老後の生活を自分たちで送る計画を設計し，それを実践してきたのです。

アメリカやイギリスはもとより，オーストラリアにおいても，できるだけ早く第一線の仕事から退き，引退し，老後，すなわち，第三齢代を心豊かに楽しく過ごすという考え方が一般的です。そんな意識のなかでこれらの国においても，人間の寿命が伸びる高齢社会を迎えたのです。おそらく，これらの先進諸国においては，高齢社会に対応した老後の生き方，暮らし方についての意識と方法がつくられていたといってもよいでしょう。

おそらく，それをもたらした一つの大きな要因は，資本主義の発達と関係していると思われます。いま日本は1990年にはいってはじまった長い不況から脱しえない状況で，行き先の見えない暗い闇のなかにいます。長い歴史のなかで資本主義の社会は，経済的変動，すなわち，飛躍と不況のくり返しでした。好景気の明るい社会があれば，次には，暗い底の見えないリストラの社会が現われたのです。イギリスをはじめ欧米先進諸国は，資本主義社会のもつ好況と不況の波を永い歴史として経験してきたのです。

端的にいえば，好況は思考を停止し，不況は人間の思考を発動させます。景気がよいときには，人間は目先の仕事を一生懸命にやっておれば，それで毎日を過ごしていくことができます。目先の「doing」をしていれば，毎日の生活が無事に終わり，将来への希望も抱くことができるのです。一方，不況は，自分の生活を，自分の人生を振り返るチャンスともなります。不況やリストラのなかで，自分のこれまでの人生を真摯に考え直し，反省し，これからの生き方を模索する思考がはじまるのです。人生における「thinking」の時代のはじまりです。おそらく，ヨーロッパやアメリカなどの先進諸国においては，人々は不況の谷間のなかで，人生のさがを感じ，人間としての生きる道を探してきたのでしょう。そのなかから生まれた一つの生き方が，定年後の人生，すなわち，「第三齢代」をいかに楽しく，能動的に生きるか，ということであったと思われます。欧米人の老後の生き方は，その長い歴史のなかから生まれたものでしょう。

doing と thinking の記憶が
DNA に埋め込まれている。
人生ということの発見。

Key word

資本主義
好況
不況
doing
thinking
第三齢代

Key word
リタイアメント・ヴィレッジ

インディペンデント・リビングをハードから支えるヴィレッジ

サービス・アパートメント

あたりまえの美しい整備。

リタイアメント・ヴィレッジ　オーストラリア，ゴールドコーストに第三齢代の人たちが生き生きと楽しく生きているモデルがあります。リタイアメント・ヴィレッジといわれるものです。夫婦のどちらかが55歳以上であれば，入ることができます。もちろん，単身者も入居でき，退職者はもとより，退職していない人でも，55歳になればその資格が生まれます。

このリタイアメント・ヴィレッジの特徴は，第三齢代の人たちが加齢にしたがって，三つのステージを通して同じ敷地内にある施設へと移っていくことができるようになっていることです。

第一のステージは，「インディペンデント・リビング」といわれるものです。健康で独立して生活できる人たちは，インディペンデント・ヴィレッジといわれる家屋に入居し，普通の生活を営み，ヴィレッジ内のさまざまなサービスを受けることができます。陽光ひらめく敷地内には，ビリヤード，カードなどの室内遊び，室外のさまざまなアクティビティができるようになっています。室内には，緊急用のボタンが設置され，医療は，医者の常駐や近くの病院と提携し，病人が出れば，すぐに連絡できるようになっています。1週間に2日ぐらい，決まった時間にバスを運行し，ショッピングや病院，年金の受け取りに行けるようになっています。また，1週間に一度有料のバスを出し，近くの名所旧跡，街，公園などへのツアーをおこなっているところもあります。

「インディペンデント・リビング」の家屋は，入居のときに購入し，次のステージに移るとき，売却できるようになっています。しかも，その暮らしは，年金程度の収入でまかなうことができるのです。

長いインディペンデントの生活を送ったあと，加齢とともに食事や掃除といった日常的な仕事が面倒になってくると，同じ敷地のなかにある，第二ステージの「サービス・アパートメント」へ移っていきます。サービス・アパートメントの住居は，低層のアパートで管理がより徹底しておこなわれるようになっています。サービス・アパートメントでは，できるだけ自立した生活を送りながらも，食事や掃除といった生活のほとんどのサービスを受けることができるようになっています。

第三のステージが，「ナーシング・ホーム」といわれる完全看護のサービスです。ここでは，医療から一日の生活のすべてにわたって，24時間のケアを受けることができるようになっています。サービス・アパートメントで自立した生活ができないようになった人たちは，同じ敷地に建てられたナーシング・ホームへと移っていきます。妻が疾病によってナーシング・ホームに入居し，夫が同じ敷地内のサービス・アパートメントに住む夫婦の間では，毎日夫が緑豊かな小路を通ってナーシング・ホームの妻のもとへ通う姿もみられます。

このリタイアメント・ヴィレッジは，わたくしたち著者のいう「第三齢代」と「第四齢代」をドッキングしたものです。さらに，その移行の問題を解決したものです。健康で心豊かな生活を送った

「第三齢代」の人たちも，いずれは，加齢とともに依存と介護の「第四齢代」に入っていかなければならないことになります。わが国においても，その移行をどのようにスムーズにおこなうのか，「第三齢代」の心豊かな生活と，「第四齢代」の充実した介護，さらには，「第三齢代」から「第四齢代」への移行をどのようにスムーズに実現していくかが，これからの福祉高齢社会のきわめて重要な課題であるといえます。

リタイアメント・ヴィレッジのなかには，サービス・アパートメントとナーシング・ホームの中間に「ホステル」という施設を設け，さらにこまかいケアをしているところもあります。

アクティビティを愉しむ　リタイアメント・ヴィレッジのなかには，プール，スパバス，ボールズ・クラブ，クリケット場，さまざまな作品を製作できるショップ，作業場などがあります。屋内には，カードをする部屋，サロン，美容室，アートや手芸室，図書館，なかには社交ダンスのホールなどをもっているところもあります。

リタイアメント・ヴィレッジで生活するには，もちろん，一定のルールがあります。住人の病気や事故などに対する応急的な対応，生活のルールなどが決められています。しかし，リタイアメント・ヴィレッジの生活は，なんといっても，ヴィレッジの内外でのアクティビティです。毎週どこかで，ビンゴやボールズ，アートや手芸，クリケットなどがおこなわれています。日本でいえば，将棋や碁，盆栽やゲートボールといったことでしょうか。もちろん，プールやスパでのんびりと過ごす人もみられます。週に一，二度は，ヴィレッジの住人のためのランチ・タイムやディナー・パーティが5ドル程度の有料で開催されます。毎日，夕方の5時からは，バーが開かれ，カウンターに腰を掛けながら杯をかたむけ，友と語りながら過ごすこともできます。

リタイアメント・ヴィレッジの愉しみの一つは，ほとんど毎日のようにおこなわれているヴィレッジの外への有料のバス・ツアーです。ヴィレッジの人は，自分の興味や趣味にあったツアーに参加し，ヴィレッジの外の空気を吸い，自分の人生をエンジョイしていくわけです。バスといえば，ほとんど毎日，ヴィレッジによっては，決まった曜日に，病院やショッピング・センター，年金受け取りに役所まで，無料のバスを出しています。

バス・ツアーは，「古いパブを訪れる」「熱帯雨林へのツアー」「農場へのツアー」「ビーチのそばで夕食のひとときを…」「議会棟見学」などがあります。なかには，「自分が年をとった顔や怒った顔を見て，あなたは自分が好きです…。もちろん，かわいいのが一番好きですよね…美しい音楽で，四重奏を楽しみましょう　4月9日　水曜日」といった広告も掲示されています。

リタイアメント・ヴィレッジでは，「第三齢代」の人たちが，心豊かに愉しい生活を送っています。しかも，そこに暮らしている人は，決して潤沢に裕福に暮らしている人だけではありません。多くの人

Key word

第三齢代
第四齢代
依存
介護
福祉高齢社会
リタイアメント・ヴィレッジ

施設の思想性が読み取れる。

いまだに人生の発見の途上，という。

明日のための戦略を練る午後

が年金とささやかなそれまでの蓄えで暮らしているのです。

問　題

1) 日本における高齢社会の到来とこれからの福祉について考えなさい。

2) 「好況の doing」と「不況の thinking」という仮説をどう思いますか。賛成ですか。反対ですか。

3) オーストラリアにおける三つのステージとはどんなものですか。

4) リタイアメント・ヴィレッジではどのようなアクティビティを楽しんでいますか。

Box－13　セミ・リタイアメントへの途

　1999年，30代，40代のサラリーマンを対象にある雑誌社がおこなった「もっともなりたい人」の第一位に選ばれたのは，当時の総理大臣でもなく，時代の最先端をゆく孫正義氏でもなく，大橋巨泉氏であった。巨泉氏は，テレビの司会者として絶頂をきわめていた56歳のとき，突如としてテレビ界から姿を消し，セミ・リタイアメントの生活にはいったのである。「セミ・リタイアメント」ということばは，巨泉氏のことばとしてこれからの高齢社会を考えるキーワードとなっている。

　「セミ・リタイアメント」とは，半業半休の意味である。高齢の第三齢代にはいっても，完全に仕事から手を引かず，半分は働き，半分は休むという生活である。たとえば，1週間のうち3日は働き，あとは休むといった生活である。あるいは，1か月の半分を休み，あとは働くといったことでもよい。また，巨泉氏のように，1年をいくつかに区分し，5か月をニュージランド，オーストラリア，3か月をカナダなどの海外，あとを日本で暮らし，そのなかで仕事に従事するといったことでもよい。要は，元気な第三齢代の半分は仕事をして自分の知識や技能を発揮し，社会的貢献をなし，あとの半分は自分自身の趣味や健康づくりなどに費やすといったことで，その時代を豊かに生きようというものである。

　大橋巨泉氏が人気ナンバーワンに選ばれたのは，こんな生き方が仕事一途の若いサラリーマンにも求められるようになったためであろう。しかし，巨泉氏が現役を引退し，セミ・リタイアメントの生活にはいってからもう10年以上にもなる。「それがいまなぜ？」ということである。それは，昨今の日本の不況と無関係ではないように思われる。世が好景気に沸き，高度経済成長を遂げていた時代には，目の前の仕事を処理していけば，それなりの満足とそれなりの豊かな生活があった。極論すれば，なにも考える必要はなかったのである。毎日を「doing」しておけばよかったのである。

　しかし，不況は社会の挫折である。もちろん，そのなかに生きる人間の挫折でもある。不況は，物が売れない，経済的な景気がよくない，というだけではない。その社会で生きる者たちにとって，深刻な生き方の問題を提起する。「これまでの自分はこれでよかったのか」「自分はこれからどう生きるべきか」ということへの問いである。そこに，自分を，社会をもう一度立ち止まって考えるという「思考」が生まれてくる。いわゆる，不況や挫折が個人の，社会の「thinking」を生み出すのである。社会が謳歌されているときは，「thinking」は生まれない。不況こそ，思考を生み出す源泉である。その意味では，不況やリストラも決して捨てたものではない。そこから新しい個人の生き方や社会の展望が開けてくるからである。おそらく，われわれの住む社会は，好況と不況の循環的サイクルのなかでその仕組みや機能を進化させてきたのであろう。これからも，その事実は変わるまい。

　いま，セミ・リタイアメントの生活があこがれをもってとらえられ，大橋巨泉氏が人気第一位として選ばれたのは，この不況やリストラのなかで，30代，40代のサラリーマンが自分のいまと将来を考えはじめた証拠である。不況がもたらした必然の結果であるといえよう。

　おそらく，福祉高齢社会が理想とする社会の一つは，セミ・リタイアメント社会である。ある時間働き，ある時間休み，生活を送る。そこには，働くなかで自分の技能や知識を錬磨し，それを通して社会的接触を果たし，自分の趣味や生きがいのなかでゆとりある，心豊かな生活を送る。そこでは，定年退職者が経験するような「生きる力」としてのアイデンティティを喪失することもない。セミ・リタイアメント，これこそ，21世紀高齢社会の一つの姿である。

　社会は，不況のなかにも，その福祉高齢社会をめざし，確実にセミ・リタイアメントの社会に向かって歩を踏み出したのである。

Key word

セミ・リタイアメント　　不況　　好況　　doing　　thinking　　リストラ　　生きる力　　福祉高齢社会

14

産み，育て，看とる - 女性の復権

Key word

ボーヴォワール
第二の性
女性の復権

女性の社会進出 フランスの女性哲学者，ボーヴォワールはかつて女性を「第二の性」とよびました。そのことばの根底には，女性は，第一の性としての男性の次の性としてつくられ，子どもを産み，育て，最後には肉親を看とるという思想があったと思われます。

また日本においても，戦前までは地域によっては男尊女卑の思想があり，それが日常生活の隅々まで浸透し，毎日の生活を律していました。その思想は，幕藩時代の士農工商の封建制度の流れのなかで近代日本においても継承され，それが日本的美風として受け入れられてきたのです。戦後民主的な世のなかになっても，その思想は，目に見えない，明確な意識としてとらえられなくても，無意識的な規範や行動を律するものとして残渣をとどめてきたのです。

戦後の日本は，民主化の嵐のなかではじまりました。男女平等，男女同権が謳われ，女性にも参政権が与えられました。まさしく，それは与えられたものでした。戦後の民主化のなかで，政治制度，社会制度を改革していった日本は，経済的復興と高度経済成長への歩みをはじめることになります。高度経済成長への途は，労働力の不足と経済生活への謳歌となって現れてきます。労働力の不足は，女性の労働界への進出を生み，高い経済生活への期待は，夫婦共働きの家庭の増加となっていきます。さらに，学制制度の改革は，高等教育の裾野を増大させ，とくに女子の高等教育の進出を飛躍的に増大させることになります。そのなかで，2年を修了年限とする短期大学，とくに女子短期大学は，女性の教育の場への進出に大きな役割を果たすことになります。短期大学，4年制の大学教育のなか

で，女性の能力は陶冶され，それまで眠っていた女性の潜在的能力が開発され，女性も男性に伍して仕事をしていくことができることが社会的に認知されるようになっていきます。それは，まさしく，女性の本来の姿への，女性の復権であったのです。

女性は，かつては，家庭において子どもを産み，育て，最後は家庭の誰かを看とる存在でした。子どもを産み，育てる存在として女性の姿は，いまも変わりません。しかし，その女性をとりまく環境が，いま大きく変わろうとしています。仕事をする女性にとっては，子どもを預ける保育所がその役割を担ってくれます。家庭で誰かを看とる仕事は，介護保険制度がスタートし，介護の社会化がはじまりました。福祉社会は，女性が一人の人間として，女性として，母として，社会人として，男性と平等に生きていく社会でなければなりません。その社会の実現こそ，これからの福祉社会でなければならないのです。21世紀にはいったいま，日本の社会は，大きくその歩を踏み出したのです。

しかし，女性の社会進出は，ノルウェーなどの女性先進国と比べるとまだ十分とはいえません。たとえば，ノルウェーでは，民間会社での女性の進出はまだ十分ではないとしながらも，公務員の職場には，女性が男性に近い数進出し，国会議員の45％が女性議員であるといわれています。女性の首相も実現し，女性の社会進出は，日本に比べて大きく進んでいます。それに対して，日本の女性国会議員の数は，全体の5％以下にとどまり，全国の女性校長も，小学校，14.5％，中学校，3.3％，女性教頭は，小学校，22.6％，中学校，7.3％であり，公務員をはじめ，民間企業においても，女性の社会進出の場は，まだ大きく残されています。これからの21世紀は，まさしく，女性の権利の確立と社会への進出の世紀でなければならないのです。

女子教育の拡大と深化　最近の報告によれば，4年制大学，短期大学の高等教育機関への女子の進学率は，平成元年以来平成11年までの進学率は男子を凌駕し，平成15年度の進学率は，やや下降したものの男子49.6％に対して，女子は48.3％に達しました。女子教育は，確実に拡大しているのです。しかも，女子教育は，なにも短大や4年制の大学だけではありません。専門学校への進学も大きな高まりをみせています。

さらに，さまざまなかたちでの女性を対象とした教育が開設されています。その代表的なものは，若い女性や主婦を対象としたカルチャー・スクールです。とくに，主婦は家庭における少子化と電化製品の普及によって自由になる大幅な時間が確保できるようになりました。その時間を使って，カルチャー・スクールに通い，教養や知識，技能の獲得と向上を目指すようになったのです。

かつては，家庭における主婦の労働は，決して軽いものではありませんでした。とくに，二世代，三世代の家族が一緒に住む拡大家族においては，家庭の労働を支えていたのは，若き主婦たちでした。

Key word

女性の復権
介護保険制度
女性先進国
女子教育
カルチャー・スクール
少子化
拡大家族

Key word

第二の性
男女雇用機会均等法
女性教育

冬の手は寒さであかぎれし，手による洗濯，炊事，掃除と家のなかを走り回るような毎日でした。もちろん，勉強する時間もなく，人格を高め，育てる時間もなかったのです。まさしく，テレビドラマ「おしん」の生活であったのです。その生活に耐え忍ぶことが美徳と考えられていた時代もありました。まさしく，女性は，子どもを産み，育て，看とる存在であったのです。そんな環境のなかでは，女性としての権利とか人権といったものは，微々たるものでした。

しかし，さまざまな社会環境の変化と進展のなかで，女性が家事労働から大きく解放され，自己を取り戻し，自己を主張することができるようになりました。女子の大学や短大などの高等教育機関やカルチャー・センターなどへの大幅な進出，さらには，職業人としての社会進出は，このような時代の変化があったのです。

女性の権利回復　しかし，女性が，教育の場においても，職場においても大きな力を発揮し，それを支える存在となっても，日本においては，まだ「第二の性」として，男子を支え，助ける存在なのです。職場においても，男女雇用機会均等法が制定されても，その実態は必ずしも，その法のとおりにはいかないのが現状のようです。採用や配置，昇進などでの男女差別を禁止するこの法律があっても，現実との落差は，まだ大きいものがあるようです。

アメリカの西部開拓史のなかで，西へ西へと進んでいった開拓隊が，まず教育の必要性として考えたものは，農業と女性の家事の技術と子どもの教育でした。アメリカの大学が他の学部に比べて農学部や家政学部，教育学部が相対的に古い伝統をもっているのは，そのような歴史をもっているからです。女性教育は，西部開拓史のなかで何にもまして重要なこととして位置づけられていたのです。男は畑にでて農業の仕事をおこない，牛を追い，女性は家庭で家事に従事し，子どもを育てる，そのための技術の習得がその生活の基本と考えられたのです。そこには，男の技術の習得と同等に，女性の技術の習得への願いがあったのです。

男子と女子は，その知識や技術の習得において同等の権利をもち，それを実現するものでなければなりません。かりにその内容が異なるものであったとしても，その権利やそれを実現する機会は，平等でなくてはなりません。

平和と福祉　女性がどうして第二の性として男性に次ぐ存在として考えられてきたのでしょうか。そこには，有史以来の長い人類の歴史があります。人類の歴史とは，闘争と抗争の歴史であったといっても過言ではありません。人類は，自分を守るため，自分の家族を守るため，自分の民族を守るために，あるいは，他を侵略し，力を拡大するために，闘争と抗争をくり返してきました。人類の歴史とは，まさしく，戦争と抗争の歴史であったといってもよいでしょう。20世紀にはいっても，二つの大きな世界大戦を経験しました。そのあとは，東西冷戦の時代を迎え，旧ソビエトの崩壊ととも

に起こった民族や国家間の抗争は，東西冷戦時代を凌駕するものがあります。

戦争や闘争では，力の強いものが勝ちをおさめます。力がなければ，自分自身を守り，家族を守り，国家や民族を守ることはできません。力こそ，正義であるということでしょう。しかし，平和は，力で支配することはできません。世界には，いまも，さまざまな紛争や武力の行使がおこなわれています。しかし，日本は第二次世界大戦以降，60年以上にわたって平和な時代を過ごしました。その間に，その平和のなかで女性の家庭や社会における立場も大きく変化してきました。戦後，参政権として政治への参加を認められた女性は，社会構造の変化や進展のなかで大きく社会に進出し，高等教育への扉を開いてきました。

しかし，男女平等への道は，現実には，なかなか多くの困難をもっています。しかも，それは日本だけではありません。アメリカをはじめ多くの国々が女性の地位向上を目指して平和の戦いをおこなっているのです。

2000年6月ニューヨークの国連本部でおこなわれた国連特別総会女性2000年会議は，女性の人権擁護と男女平等社会の実現をめざして21世紀への各国の行動プログラムを提起しました。

1　2005年までに初等中等教育における男女不平等を解消する努力をする
2　2005年を目標に差別的な法規定を撤廃する
3　女性への暴力の違法化をはかる
4　夫や恋人による暴力に関連する犯罪に取り組むための立法化をおこなう
5　人身売買を根絶する
6　男女で家事と育児を分かち合う
7　男女平等社会の実現に情報技術を活用する

21世紀は，男も女も，子どももおとなも，ともに平和に安心して暮らす社会でなければなりません。女性は，子どもを産み，子どもを育て，最後は看とる，存在であってはなりません。21世紀の福祉社会は，単に高齢者や障害者，幼児といった，いわゆる，「社会的弱者」といわれる人たちを支え，助けるだけのものであってはいけません。それと同時に，全人口の半数を占める女性が，その人権を保障され，暴力や差別から守られ，生きるうえでの能力を十分に発揮できる社会でなければならないのです。そして，それは，戦争のない平和のなかだけで実現できるものなのです。

Key word

国連特別総会女性2000年会議

男もすなる料理。

問　題

1）　女性の社会進出と福祉社会のあり様について考えなさい。

2）　戦後の女子の高等教育への進出について述べなさい。

3) 女子は男子と同等の権利をもつということについて考えてみましょう。

4) 「平和と女性の復権」について考えてみましょう。

Key word

男女共同参画社会
男女平等社会

Box － 14　男女平等社会の実現

　内閣府（2002）が全国の成人男女を対象におこなった「男女共同参画社会に関する世論調査」の結果によれば，日本社会において依然として不平等感の強いことが明らかになっている。それによると，男女の地位について「男性が非常に優遇されている」と答えた者が全体の 12.9 ％，「どちらかといえば男性が優遇されている」が 62.1 ％，それらを合計すれば，75.0 ％の者が男性が優遇されていると感じている。この結果は，7 年前の過去の結果と比較してほとんど変化がない。性別による回答結果では，男性が優遇されていると感じている者は，女性に多く，その 80.7 ％であった。それに対して，男性も男性優位と感じている者も多く，その値は 68.3 ％である。その理由として考えられているのは，「企業優先の日本社会の特質」をあげ，その企業社会を支えているのは，男性であるという意識である。

　しかし，2007 年の調査によれば，「夫は外で働き，妻は家庭を守るべき」という考えに変化がみられるという。15 年前には，賛成とどちらかといえば賛成を合わせて 60.1 ％，反対は合計 34.0 ％であったものが 2007 年には，賛成 44.8 ％，反対 52.1 ％と逆転し，この考えに反対する割合が半数を超えている。しかも女性の就業について「子どもができても，ずっと職業を続ける方がよい」とする「継続就業」支持が「一時中断・再就職」支持を上回り，多くなっている。

　こうしてみると，男女平等社会の実現に近づき始めたようにみえるが，研究分野における男女共同参画は国際的な比較（図 14-1 参照）によると，まだほど遠いといわざるをえないであろう。

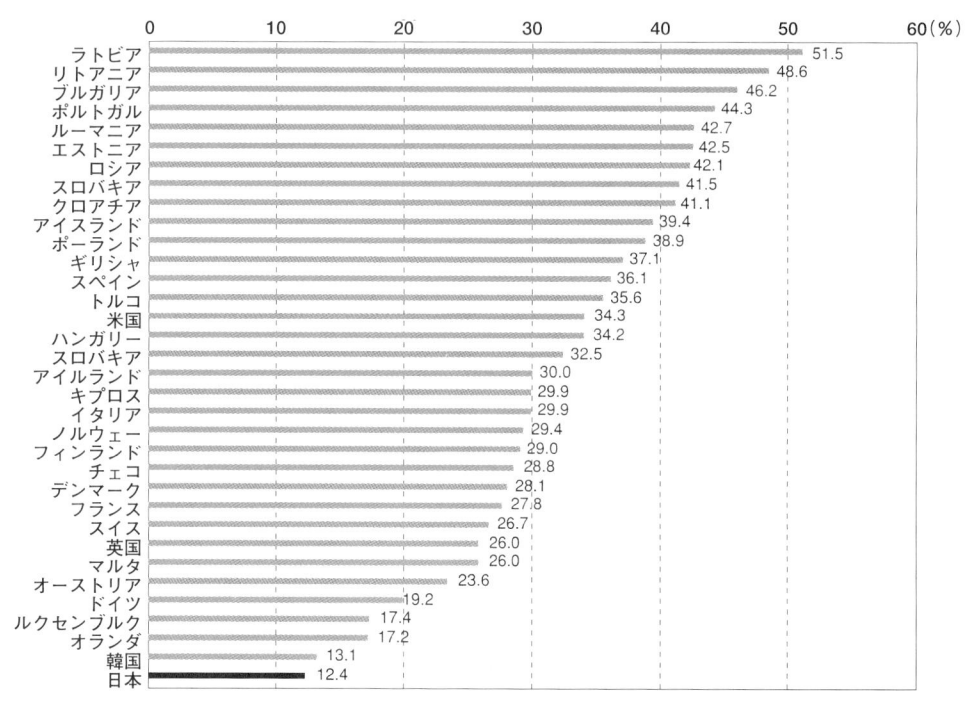

国	割合(%)
ラトビア	51.5
リトアニア	48.6
ブルガリア	46.2
ポルトガル	44.3
ルーマニア	42.7
エストニア	42.5
ロシア	42.1
スロバキア	41.5
クロアチア	41.1
アイスランド	39.4
ポーランド	38.9
ギリシャ	37.1
スペイン	36.1
トルコ	35.6
米国	34.3
ハンガリー	34.2
スロバキア	32.5
アイルランド	30.0
キプロス	29.9
イタリア	29.9
ノルウェー	29.4
フィンランド	29.0
チェコ	28.8
デンマーク	28.1
フランス	27.8
スイス	26.7
英国	26.0
マルタ	26.0
オーストリア	23.6
ドイツ	19.2
ルクセンブルク	17.4
オランダ	17.2
韓国	13.1
日本	12.4

図14-1　研究者に占める女性割合の国際比較（内閣府，2008）

（備考）　1．EU 諸国の値は，英国以外は，Eurostat2007/01 に基づく。推定値，暫定値を含む。ラトビア，リトアニア，スロバキア，ハンガリー，チェコ，マルタは平成 17（2005）年，ポルトガル，アイスランド，ギリシャ，アイルランド，ノルウェー，デンマーク，ドイツ，ルクセンブルク，オランダは平成 15（2003）年，トルコは平成 14（2002）年，その他の国は平成 16（2004）年時点。英国の値は，European Commission "Key Figures 2002" に基づく（平成 12（2000）年時点）。
　　　　　2．韓国及びロシアの数値は，OECD "Main Science and Technology Indicators 2007/2" に基づく（2006 年時点）。
　　　　　3．日本の数値は，総務省「平成 19 年科学技術研究調査報告」に基づく（平成 19（2007）年 3 月時点）。
　　　　　4．米国の数値は，国立科学財団（NSF）の「Science and Engineering Indicators 2006」に基づく雇用されている科学者（scientists）における女性割合（人文科学の一部及び社会科学を含む）。平成 15（2003）年時点の数値。技術者（engineers）を含んだ場合，全体に占める女性科学者・技術者割合は 27.0％。

Box − 14 夫婦の絆，希薄に

「幾山河こえさり来たり八十の坂も　こえきて二人すこやか」
　「九十三，八十七の二人して　六十余年を越え来しは何」

と詠んだ夫婦（多田太朗，深雪，比翼集　『多田二人集　画と文と歌と』，1982）がいた。山本花子氏が88歳の米寿のときに上梓した『碁盤割　商家の暮らし』（1996）のなかで述べられている夫婦である。この夫婦の，夫85歳，妻80歳のときの仕事は，ともに医師である。夫は油絵を描き，数多い講演をこなし，原稿を書く。妻は診療のほかに，入院患者の献立つくり，夫妻の食事をはじめ家事一切の切り盛り，講演と短歌作りで，睡眠時間は4時間。この夫婦の共通の趣味は，旅と短歌である。南米，オセアニア，カナダ，ソ連，東欧，中近東，西独，チュニジア，インド，北欧，敦煌，ガラパゴス島などへと旅し，そこで詠む短歌である。妻は夫の医業を助け，5人の子どもを育て，明治生まれの夫婦の絆は，堅い。

　かつてわが国では，こういった夫婦が当然の夫婦の絆として存在していた。しかしながら，平成の昨今では，夫婦の絆，夫婦のあり様も大きく変化し，「夫婦別姓」「熟年離婚」といったことが市民権を得るようになってきた。「家族内で姓が異なると一体感が損なわれて，家族制度の崩壊につながる」という意見がある一方で，女性の社会進出にともなって，仕事上の通称を使用したい，個人的な事情を人に知らせたくないといったプライバシイの問題にもかかわり，1996年には選択的夫婦別姓を使用できる制度の法制審議会の導入が答申された。

　厚生労働省は，2003年7月，全国家庭動向調査の結果を発表した。それによると，日本の家庭においては，夫が子育てや家事を敬遠し，妻が孤立化し，夫婦の絆の希薄さが浮き彫りになった。妻が「夫にも家事や育児を分担してほしい」と望んでいても，妻が家事の8割をおこない実際には，それとは逆に，夫がまったく家事に参加していないことがわかった。共働きの家庭においても，「家事はすべて妻の負担」という回答が3割をしめている。

　「熟年離婚」については，半世紀で5倍になるいきおいで増加の一途をたどっている。厚生労働省がおこなった人口動態統計によると，離婚した夫婦全体のなかで，20年以上も一緒に暮らしたあと離婚した夫婦の率をみると，1950年の3.5％から2003年の15.9％へと，およそ半世紀の間に5倍近くになっている。さらに，2007年4月より離婚に伴う厚生年金制度の改正によって，熟年離婚が一層増えることが予想されている。

　こうしてみると，女性の社会参加が進む一方で，夫婦の絆が危機に立たされているという見方もできる。

　夫は妻を助け，支えあってこそ，夫婦の絆は強まるものである。オーストラリアの首相は，妻の突然の手術のために，首相就任最初の外交日程である日本公式訪問を中止し，そばに付き添うことで妻への愛を示したのである。大阪府高槻市の市長も，その職を捨てて妻の介護を優先する行動をとっている。こういった心があれば，夫婦の絆は永遠である。50年の金婚式をこころ豊かに迎えることができるであろう。

Key word

夫婦別姓
熟年離婚

安寧。Tea Party。背後のしげみからウサギが時計を持って出て来るかも。

安寧。Seagull とともに。

15

障害を生きる

Key word

知的障害
身体的障害
精神的障害
精神遅滞
IQ
教育可能な精神遅滞
訓練可能な精神遅滞

知的障害 しかし，世のなかは，健常な人たちばかりではありません。健常な人たちとともに，さまざまな障害をもった人たちが生活しています。その障害をもった人たちが，その障害を乗り越え，安寧に，心安らかに暮らすことができる社会こそ，福祉社会のあるべき姿なのです。

障害をもつ人は，視覚障害，聴覚障害，肢体不自由などの身体的障害をはじめ，知的障害，精神的障害など多岐にわたっています。さらに，長期に疾病を患っている人などを入れると，なんらかの障害をもって生きている人の数は，さらに多くにおよびます。障害は，大きく分けて，精神遅滞，行動／情緒障害などの精神的障害と視覚障害，聴覚障害，肢体不自由などの身体的障害とがあります。

精神遅滞とは，知能と社会的適応の両面における障害をいいます。IQ（知能指数）は，健常な子どもに比べて低く，たとえば，自分で食事をする，着衣ができる，交通機関を利用できる，職業上の技能を習得する，といったことで，その遅れがみられる場合です。その判定の基準は，多くの場合，IQテストの結果によっておこなわれています。一般に，IQ70以下は「教育可能な精神遅滞」，IQがおよそ55以下は「訓練可能な精神遅滞」となっています。

「教育可能な精神遅滞」としての子どもは，そのことばが示すように，読み書き，その他の基礎科目を教えることができると考えられています。「訓練可能な精神遅滞」の子どもは，きわめて基礎的なレベルの読み書きは教えられると考えられていますが，そのほとんどは，身の回りの生活を処理する能力，危険を避けるための能力，単

純な作業をおこなうための能力の学習が中心となります。

　ただIQの値は，さまざまな要因によって影響されることを知っていなければなりません。テストを受けるときの子どもの心身の状態，テストを受けるときの雰囲気，たとえば，個室で一人でテストを受けるときの緊張感，他人に対する羞恥心などがテストのIQの結果を低下させることがあります。さらに，精神遅滞であるかどうかは，IQだけではなく，社会的適応行動も問題になります。とくにイギリスでは，早くから社会的適応性が強調されてきました。しかし，社会的適応性といっても，さまざまな側面があり，それをどう判定基準として標準化するかは，かなり難しい問題です。

　精神遅滞には，器質性損傷のある器質性精神遅滞と器質的には損傷のない非器質性精神遅滞があります。器質性精神遅滞の場合は，平均IQが35ぐらいで，65以上はほとんどいません。それに対して，非器質性の精神遅滞では，その多くがIQ70近くを示し，器質的損傷をともなう場合には，一般にかなりの重度を示し，非器質性の場合は，その遅滞は比較的軽度です。器質性精神遅滞は，その多くが，染色体異常，物理的破損，酸素欠乏，感染症，化学薬品による大脳の破損によって起こるものです。先天性染色体異常，すなわち，21番目の染色体が正常1対（2個）に対して，3個あること，によって起こる精神遅滞がダウン症候群です。

精神遅滞の2つのケース

器質性精神遅滞－ダウン症児，A子

　　　A子は，IQ40の12歳になる少女である。乳児期に医者によって精神遅滞児と診断された。それは，一般的な行動の発達が遅れ，ダウン症を示すいくつかの身体特徴と，染色体異常が観察されたからである。A子は快活で，活動的な子であったが，みかけはいかにも「愚鈍」な感じをしていた。背が低く，ずんぐりした容姿，太い首や額のとびでた頭部，つりあがった目など鈍重な体格をしている。舌が厚く，明らかに言語障害を示している。A子は多くの人から可愛がられ，両親からも十分な養育を受け，その生活は幸福そのものである。A子は9歳までに排泄，食事，着衣などの基本的な生活習慣を学習し，12歳になった今は文字の読み書きを学習している。発音に多少の難点はあるが十分話すこともできるし，他人の話を理解することもできる。注意範囲が狭く，時として教室をざわつかせることはあるが教師を困惑させることはほとんどない。

非器質性精神遅滞児

　　　K男は10歳になるIQ65の男の子である。B男の家は農家で，父親の手伝いを学習したばかりである。毎日，学校に通学し，友だちも多いようである。彼はクラスのエースピッチャーの一人で，野球のシーズンになるとクラスの人気ものである。小学校1年と2年のとき，かなり著しい学習困難を示すまでは，だ

Key word

社会的適応行動
社会的適応性
器質性精神遅滞
非器質性精神遅滞
ダウン症候群
言語障害

Key word

行動／情緒障害
キレ
学習障害

れもB男を精神遅滞児と考えた者はなかった。2年生になっても，初歩的なレベルの本を読むことができなかった。テストを受け，スクールカウンセラーによって，教育可能な精神遅滞児と診断されたが，医師の診察では身体的障害はまったくないことが明らかになった。

10歳になった今，B男は，小学校2年生程度の読み書き能力をもち，基礎的な算数の技能も習得しはじめている。クラスの他の子どもと比べれば学習の速度は遅いが，彼なりに著しい進歩を示している。B男にはほとんど問題のある行動はみられないが，彼と同じ治療教室に通っている教育可能な精神遅滞児の多くは，問題行動をもっている者が多い。

行動／情緒障害　行動／情緒障害とは，知能は正常であるが，行動や学習の障害として，その背景に情緒的な問題があることをいいます。精神遅滞の場合には，その是非はともかくとして，それを判定する一定の基準としての知能テストがあります。しかし，行動／情緒障害の場合には，それを客観的に測定するものがなく，専門家の判断にまかされています。そのことから，情緒障害といっても，注意散漫，仕事をすぐに放棄するといった軽度のものから，入院加療を必要とするものまで多岐にわたっています。

たとえば，行動／情緒障害としては，IQは正常であるが，興味や集中力が欠如し，かんしゃくを起こし，すぐに「キレ」て問題を起こす。さらに，けんかも日常的で，人のいうことを拒否し，交わる仲間とも問題を起こす者たちです。

もう一つの例は，15歳の男の子です。IQは115，普通以上です。学校の成績は普通で，学校で問題を起こすことはないが，目立たず，他の子どもとの接触も少ない。痛々しいほど痩せ，人の目にもとまらず，部活にも参加していない。スクールカウンセラーが「調子は？」と尋ねると，「調子はいい」と答える。彼のことばからはほとんど感情が伝わってこない。

もう一つの障害は，学習障害（ＬＤ）です。1960年ごろからアメリカにおいて，学校教育のなかで「学習障害」といわれることばが一つの診断カテゴリーとして使われるようになってきました。「学習障害」とは，知能は全般的に正常であるが，聞く，話す，読む，計算するなどの特定の能力の一つかあるいはそれ以上の領域で学習に障害のある子どもです。学習障害の子どもは，知能も低くなく，学習の障害となるような行動／情緒的障害もなく，家庭に問題があるわけでもありません。知的機能全般や情緒に障害があるわけではなく，特定の精神機能，たとえば，知覚や注意範囲などに障害があると考えられるものです。

C男は，IQは110で，人なつっこく，申し分のない子です。しかし，知能検査をしてみると，知覚と運動の協応に関する下位項目の成績結果がよくない。字を書くときは右から左へ反対の方向に書き，読みを必要としない科目の成績はよいが，読みの能力は大きく劣っ

ている。次第に，授業に対する態度も悪くなり，自分の能力に否定的な言動をするようになり，友だち関係もよくない。

これら学習障害の子どもに対する指導については，心理学や医学，教育学の分野からの研究がなされていますが，現場教師からのとりくみもおこなわれています。長崎県教育センターの教諭が学習障害に対応するための手引書を出版し，注目をあつめています。たとえば，「集中して聞く力の弱い子ども」に対しては，「子どもの目線で名前を呼び，徐々に距離を広げていく」「呼びかけに反応したり，集中がみられたらその場でほめる」といった指導法が述べられています。個々の障害の特徴に対応した指導や援助が求められるのです。

身体的障害　身体的障害とは，身体が麻痺したり，痙攣を起こすなどの運動障害のあるものと，感覚，とくに視覚や聴覚に障害のあるといったものです。

そのなかで，視覚に障害をもつ視覚障害は，その程度に応じて全盲と弱視にわけられます。全盲とは，視覚から入ってくる情報を使って活動できないことをいいます。弱視は，その程度に応じて重度弱視と軽度弱視にわけられます。重度弱視は，両眼での矯正視力が 0.04 までで，軽度弱視は，その矯正視力が 0.04 以上 0.3 未満までです。人間の行動の多くは，目からはいってくる視覚情報に基づいておこなわれます。その視覚入力に障害があることから，視覚障害者は主として聴覚や触覚からの入力情報に基づいて活動していくことになります。

聴覚障害は，聴覚から入ってくる音情報を聞き取れないだけではなく，音ときわめて関係の深いことばの産出や理解もきわめて困難な障害です。聴覚に障害があるために，他の人が話すことばを聞くことができないためです。聴力は，聴力レベル，デシベル（dB）で測定されます。すなわち，軽度は 26〜40dB，中等度は，41〜55dB，準重度は，56〜70dB，重度は，71〜90dB，最重度は，91dB 以上となっています。聴覚障害は，その子どもが生まれた段階から母親との音声によるコミュニケーションを困難にします。母親が子どもに音声的な語りかけをしても聞こえず，子どもの行動に母親が応えて応答しても，それを理解することができず，子どもの成長・発達にとってきわめて重要な母子相互作用を困難にするのです。このようなコミュニケーションの難しさが，そのあとの言語的，認知的（知的），社会的発達に多くの影響を与えることになります。

肢体は，肩関節から手指までの上肢と股関節から足指までの下肢と，脊髄を中軸とするからだの上半身と頭とからだを結ぶ頸部である体幹をいいます。また，不自由とは，骨，関節，筋肉などに障害があって運動機能が損なわれている状態です。このことから，肢体不自由とは，肢体になんらかの障害があり，そのために運動機能が損なわれ，社会生活がスムーズにいかない状態をいいます。

肢体不自由な子どもに対しては，肢体不自由児施設において，おすわり，ハイハイ，歩行などの理学療法，からだや手の動作，目の

Key word

学習障害
身体的障害
視覚障害
聴覚障害
母子相互作用
肢体不自由

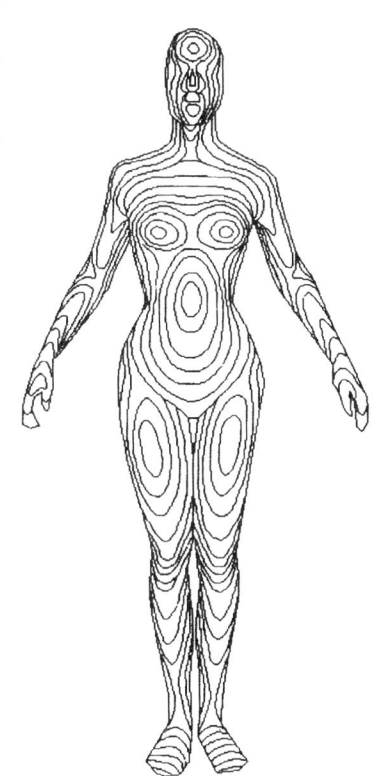

身体の図

使い方，集中力の訓練といった日常生活，社会的適応への発達をうながす作業療法などがおこなわれています。

問　　題
---

1) 知的遅滞について述べなさい。

2) 精神遅滞の二つのケースについて考えてみましょう。

3) 行動／情緒障害の特徴について述べなさい。

4) 視覚障害と聴覚障害，肢体不自由について考えましょう。

Box — 15　障害者に運転免許取得が認められる

　健常者と同じように，障害者が自立生活を営むため，第一に必要なのは移動手段の確保です。これまでの道路交通法では，精神病者・知的障害者・てんかん病者・視聴覚障害者および一定の身体の障害がある人などについては免許を与えないこととされ，免許取得後に該当したときは取り消されていました。

　しかし，道路交通法改正で口がきけない人や，知的障害者または身体的な障害がある人でも，免許試験に合格すれば運転できるようになりました。ただし，幻覚の症状を伴う精神病にかかっている人や，発作により意識障害・運動障害を引き起こす病気にかかっている人などは，試験に合格しても免許を与えられないケースがあるほか，免許取得後に該当した場合は免許を取り消されることがあります。取り消す場合には聴聞を行うなど，手続き的な保障がされています。

　「五体不満足」の著書で知られる乙武洋匡さんが，道路交通法の改正によって自動車免許を取得しました。乙武さんの車は運転席にハンドル，アクセル，ブレーキなどに当たるレバーがあり，その操作で運転できるジョイスティック車です。　身体障害者が運転免許証を取得するためには，基本的には健常者と違いはありませんが，身体障害者は教習所に入所する前に，各都道府県警察の運転免許試験場や運転免許センター等にある運転適性検査室（適性相談室窓口）の身体障害者に関する相談，審査業務を行っている係で，事前に相談することになっています。

　通常，自動車運転免許を取得するには教習場に通いますが，最近は多くの教習場が教室のバリアフリー化や手話のできる職員を配置したりと障害者に積極的に対応してくれています。最終的には，適性検査を受け，医師の診断，公安委員会による判断で免許証の交付がなされます。（警視庁のホームページより引用）

Key word

精神障害
知的障害

16 こころの病

Key word
精神障害
内因性精神障害
統合失調症
躁うつ病
外因性精神障害
心因性精神障害
ノイローゼ
過食症

精神障害 精神的障害については，いくつかの方法で分類されています。そのなかで，ここでは，精神的障害の起こる原因に基づいて考えてみましょう。

精神の疾患が起こる原因として考えられるものは，大きくいえば，三つあります。一つは，内因性精神障害といわれるものです。その素になる病因は，遺伝や乳幼児期に形成される発病の素因としての状態が心理的な葛藤やストレスなどの環境的要因と結合して生まれると考えられるものですが，本当の原因は何なのかということについては，はっきりとわからないものです。内部からひとりでに起こる精神障害とでもいってよいでしょう。その代表的な精神病が，統合失調症と躁うつ病です。

外因性精神障害は，脳腫瘍や頭部損傷などの身体的な異常によって起こるものや，アルコールや麻薬といった有害な物質がからだのなかに入ったことによって起こる中毒などの，脳の外部からの影響によって起こるものです。

心因性精神障害とは，心理的葛藤やストレス，人間関係などの環境異常などによって起こる精神障害です。その代表的なものとしては，神経症，すなわち，ノイローゼがこれに含まれます。このノイローゼなどの精神障害は，症状の内容とそれがどういった原因で起こったのかという原因と結果の関係が理解できるという性質をもっています。症状も，他の精神障害，すなわち，内因性精神障害，外因性精神障害に比べたら比較的軽度です。

そのほか，摂食行動の異常によって起こる過食症などがあります。

心因性精神障害　心因性精神障害の代表的疾患は，神経症です。神経症は，なんらかのこころの葛藤や悩み，ストレスが原因として起こる情緒的障害，すなわち，感情障害で，過度の不安や悩みをともなうものです。しかし，内因性精神障害と違って脳の器質（器官とは，からだの器官，たとえば，胃とか腸とか目など，を形づくっている組織の本質のこと。その器官の働き，すなわち，機能的特性に対することば）的障害や病質によって起こるものではありません。神経症の症状としては，主として不安などを中核とする不安性障害とヒステリーに代表される身体表現性障害の二つがあります。

不安性障害としては，不安や恐怖，強迫をともなうもので，その種類としては，強迫神経症，不安神経症，心気神経症，恐怖症などがあります。

「強迫神経症」は，強迫の種類が二つ，すなわち，強迫観念と強迫行為の症状にわかれます。強迫観念とは，「自分は電車のホームから飛び降りて死ぬんじゃないか」といった観念がとめどもなく頭に浮かび，それをふり払おうとしてもふり払えず，不安でたまらない状態が続くといったものです。強迫行為とは，アパートの鍵を閉め忘れたのではないかと思ってもう一度確かめに戻る人もいるけれども，これなど，軽い不安神経症的症状といってよいでしょう。しかし，こういった行為は，健全な精神の持ち主の間にもみられるもので，神経症的行動と健全な精神の境界を引くのが難しいことの一つの例としても考えることができます。いずれにせよ，強迫行為とは，強迫観念のために同じ行為を何度もくり返す行為をいいます。

「自分は死ぬのではないか」「自分は病気になるのではないか」といったことで，いわれなき不安にかられ，日常生活そのものが成り立たなくなる病的状態が「不安神経症」です。また，「心気神経症」とは，ささいな体の変調をあたかも死に至る重病であるかのように思い込み，医師の大丈夫だということばに耳を傾けず，病院を渡り歩くといったものです。さらに，病気に感染するのではないかと恐れて消毒ばかりする疾病恐怖，あるいは，人の前にでると，赤面する赤面恐怖症などがあります。

身体表現性障害は，ヒステリーです。作家がなんらかの心理的原因で机に向かって文章を書こうとすると手が震え，書痙が起こって字が書けない，板前が包丁をにぎっても，大根が切れない，といったことは，心理的要因によって生じた運動・身体表現障害なのです。あるいは，ベトナム戦争のさなか，前に進めば敵の弾丸に当たって死ぬが，祖国の名誉のために後ろへ退却はできない，といった戦争の最前線のアメリカの兵隊のなかには，その葛藤のなかで人さし指が動かず，自動小銃が撃てなくなる症状が現れたといわれていますが，これなど，まさしく，生か死かというぎりぎりの葛藤場面で起こったヒステリーであったのです。

内因性精神障害　内因性精神障害として代表的なものは，統合失調症と躁うつ病です。統合失調症は，主として青年期に発病する

Key word

心因性精神障害
神経症
不安性障害
ヒステリー
身体表現性障害
強迫神経症
不安神経症
心気神経症
恐怖症
強迫観念
強迫行為
疾病恐怖
赤面恐怖症
内因性精神障害
統合失調症
躁うつ病

Key word

妄想
思考障害
連想弛緩
感情鈍麻
無為
自閉
統合失調症
躁うつ病
うつ病
こころの風邪

もので，その原因はその人の内部にあると考えられるにせよ，その原因は不明の精神障害です。統合失調症の症状は，多岐にわたっています。その症状の一つは，妄想です。被害妄想，関係妄想，妄想知覚といったものです。さらに，幻聴，幻覚，支離滅裂といった思考障害も現れます。幻聴とは，現実には発せられない音や声などが聞こえるように感じることです。これらの症状は，陽性症状といって比較的目立つ症状ですが，社会的人間としての能力障害である，連想弛緩，感情鈍麻，無為，自閉といった陰性症状も現れます。

統合失調症には，破瓜型，緊張型，妄想型，残遺型があります。破瓜型は，思春期ごろから発症し，急速にあるいは徐々に人格の荒廃へと至ります。緊張型は，20歳ごろ発病し，不穏・興奮・混迷をくり返す，作為体験，被害妄想，対話性幻聴などが現れます。妄想型は，その発病は30歳前後と遅く，主として妄想と幻覚が現れます。残遺型は，感情の平板化，自閉傾向，奇異行為，思考障害などがみられます。

統合失調症の発生率は，一般人口の0.7％前後で，現在精神障害の入院患者35万人のうち，6割から7割は統合失調症患者です。統合失調症は治癒が難しく，薬物療法，心理療法，生活指導などの組み合わせにおいて治療がおこなわれています。とくに，生活指導においては，国や都道府県などの自治体の行政施策が重要な意味をもちます。

もう一つの内因性精神障害は，躁うつ病です。躁うつ病は，うつの病相と躁の病相があり，症状としては，うつだけと，うつに躁がともなうことがあります。これらの症状が周期的に現れるのが特徴です。

うつ病の原因は，さまざまですが，肉親の死とか，転勤，子どもの自立などの環境的変化がきっかけとなって起こると考えられます。最近では，中高年のなかでリストラによって職を失い，うつ状態になる人もみられ，それがもとで自殺に至るケースも見受けられます。うつ病は，憂うつ感，何もしたくない，おっくうであるといった感情，集中力や判断力の低下といった，感情の抑制，行動の抑制，思考の抑制がみられます。さらに，罪悪感や希死願望といった自殺を図ることもあるので注意しなければなりません。身体的症状としては，頭痛，胃腸障害，倦怠感，冷感，心悸亢進などがみられます。うつ病の治療には，抗うつ剤が有効であるといわれています。最近，時代環境の変化からでしょうか，軽いうつ病患者が増大し，だれでもかかる可能性をもつ病気として「うつ病，こころの風邪」ということばもつくりだされています。しかし，「うつ病」は「こころの風邪」ではすまされない，その人にとって重大な問題を引き起こすことになることも知っておかなければなりません。

一方の躁状態は，気分が高揚し爽快で，観念がほとばしり，多弁で，多動，誇大妄想などがみられます。たとえば，まったく関係のない駅のベンチに掛けている人やゆきずりの人にみだりに話し掛けたりして，トラブルなどが起こりがちです。

躁うつ病の発生率は，0.5％内外です。女子の発生率が高く，男子のおよそ２倍であるといわれています。躁うつ病もうつ病も，原則的には治癒するといわれています。しかし，治癒に至らないこともあります。躁うつ病は遺伝性が高いが，うつ病は，それほど高くないといわれています。

外因性精神障害　外因性精神障害とは，脳の内部の器質，すなわち，脳の器官の構造的・形態的性質の疾患によって生じる精神障害です。頭部の外傷や脳の血管の障害などによって起こる脳の病気です。脳の病気が起こる原因として，アルツハイマー病のような脳細胞の変質，頭部の外傷によって脳の損傷が起こると，意識障害や錯乱，逆行性健忘，錯話，失語などの症状が生じます。

外因性精神障害のもう一つは，からだの外から有害物質，たとえば，アルコール，覚醒剤，アヘン，シンナーやボンドなどの有機溶剤，コカイン，大麻，覚醒剤などが入って脳を冒し，そのために起る精神障害です。そのなかでも，アルコールによる中毒には，意識がもうろうとした酩酊の状態をきたす急性と慢性とがあります。とくに慢性のアルコール依存症は，長期にわたる飲酒によって起こるもので，からだやこころを傷め，こころとからだは常にアルコールを要求し，肝臓機能の障害や手が震えるといった症状が現れます。アルコール依存症の一つの大きな特徴は，自分が病気であるという「病識」が欠如していることです。そのために，医師との対応においても「アルコール中毒ではない」と否認を主張し，職場や家庭などの人間関係において大きな問題を起こすことになります。

日本においては，覚醒剤や有機溶剤の使用は，犯罪です。そのために，これらの薬物の使用は，さまざまなかたちで法律によって規制されていますが，その一方で，専門医による治療やリハビリ施設でのリハビリテーションと社会生活復帰への試みもなされています。

さらに，その他の精神障害として，太ることを極端に恐れ，やせ願望をもつ女性にみられる摂食障害や性的異常があります。

認知症とは，一度発達した知的能力が何らかの脳の異常によって衰えることをいいます。認知症は専門的な医学用語で，ボケは日常的な生活用語です。機能の低下は，記憶障害，時刻，場所，人物などの見当違い，たとえば，夕食のあと「夕食になにを食べたの？」と聞いても思い出せないといった，少し前のことを忘れる，などの症状が現れます。代表的なものとして，脳梗塞や脳出血によって記憶力障害を起こす脳血管性認知症と，アルツハイマー病があります。アルツハイマー病は，老年期の初期に現れ，脳が全般的に萎縮し，記憶障害，やがては人格障害へと進み，人格が荒廃していきます。

Key word

外因性精神障害
アルツハイマー病
アルコール依存症
摂食障害
性的異常
認知症

問　題

1)　精神的疾患を病因によって考えなさい。

2) 神経症（ノイローゼ）の主な種類と主たる症状について述べなさい。

3) 統合失調症と躁うつ病について述べなさい。

4) 外因性精神障害とはどんなものですか。

Box − 16　認知症介護のいま

　2005年11月22日の西日本新聞は，「ぼけても心はあるんだよ－認知症介護はいま－」と題する記事を掲載している。山口県に自宅のあるアルツハイマー型認知症の79歳のＹ子さんである。記者が自宅を訪ねたとき，ちょうどデイケアから帰ってきた。肩を抱かれ，足もいくらかおぼつかない。
　Ｙさんは記者の顔を見て，「まあ，遠いところから，わざわざ」としっかり声をかけてきた。「どちらにお出かけでしたか？」と聞くと，「仕事に行ってきたよ。やっぱり行くと張りがあるね。お医者さんにいろいろと相談して…」とすらすらと話す。えっ？，デイケアではなかったか…。
　かつてＹ子さんは，病院の看護師長をしていた。しっかり者で，数多くの患者たちと向き合い，若い看護師を束ね，夜勤，宿直をこなした働き者だった。現在，要介護度5で，最重度。娘夫婦と孫との同居である。毎日，デイサービスに通い，ホームヘルパーもほぼ毎日やってくる。
　6年ほど前から物忘れがひどくなり，1999年の夏，認知症と診断された。記者は応接間で2時間ほどＹ子さんの話を聞いた。その心と思いとはどんなものか，質問を重ねたが，かみ合わない。「現役の看護師長」として質問を重ねると，急に悲しそうな表情になる。「あのー，あれ，だれやったかね，最近，名前が出てこん。ばかじゃなかろうかと思うとよ」。『ばかになった』はＹ子さんの口癖である。「Ｙ子さんが一番傷ついているとき」である。突然，Ｙ子さんが「家に帰る」と言い出した。側にいたヘルパーが「ご飯を食べて帰ったら」となだめるが，Ｙ子さんは聞かない。とうとうヘルパーと散歩に出かけることになった。Ｙ子さんから記者にシュークリームが振る舞われ，Ｙ子さんが「食べなさい」「食べなさい」としきりにすすめてくれる。お茶も湯飲みにまだ入っているのに，「私のを飲みなさい」と声をかけてくれる。話の折々に「ありがとう」「ありがとう」のことばを発し，話が思うようにつながらないもどかしさはあったが，温かいこころくばりが感じられる。
　Ｙ子さんは，看護学校で学び，卒業後，小学校の養護教諭として働き，21歳で結婚し，4人の子どもを育て上げた。結婚後も地域の保健所で20年間勤務し，定年退職後も病院の看護師長として勤めた。完全に仕事を退いたのは，69歳のときである。
　数年後，Ｙ子さんに異変がみられるようになった。棚や冷蔵庫，引き出しなど，あらゆる場所から，塩やみその1キロ袋を数十個出してきたり，茶碗やコップを投げては「だれが割ったか」，お金や通帳がなくなったと人を疑うようになった。自分の娘を「姉ちゃん」と呼びはじめた。「わたしは娘よ」と言っても，「生んだ覚えはない」と言い返される。
　「以前は介護してあげるという思い上がりがありましたが，今は介護というかたちで親孝行をさせてもらっている，と思っています。筋道を立てた対話は難しくても，心と心の会話は成り立っているんです」，娘さんはこう話した。
　高齢化とともに認知症の被介護者が増えている。しかし，認知症に対する誤解や偏見，理解不足は，まだ十分に払拭されたとは言い難い。「高齢者介護研究会」によれば，2005年，65歳以上のなかで169万（6.5％），将来さらに増大し，2030年には10％に達する「超高齢社会」の到来が予測されている。

Box－16　こころの不調，その分類

　精神障害の分類の仕方には、いろいろな方法がある。ある精神科医（笠原嘉，1998）は、下記の図に示し、こころの不調を二つのカテゴリーに整理・分類して考えている。一つのカテゴリーは、「病気」としての系列であり、もう一つのカテゴリーは、「パーソナリティの歪み」の系列である。

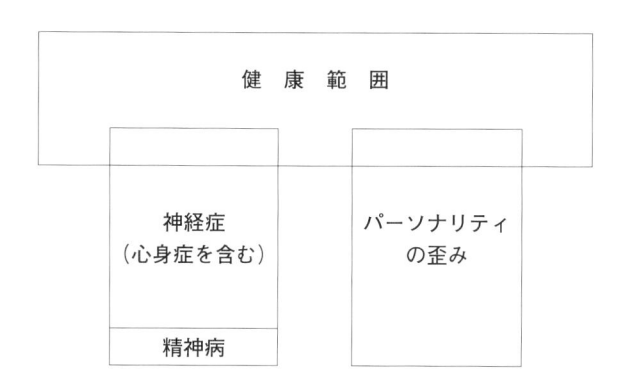

```
┌─────────────────────────────────────┐
│         健 康 範 囲                 │
│   ┌──────────┐  ┌──────────┐        │
│   │          │  │          │        │
│   │  神経症  │  │パーソナリ│        │
│   │(心身症を │  │ティの歪み│        │
│   │  含む)   │  │          │        │
│   ├──────────┤  └──────────┘        │
│   │  精神病  │                      │
└───┴──────────┴──────────────────────┘
```

　一つは、「（軽重はあれ）病気」のカテゴリーである。病気とは、健康範囲にあった人が、ある時点から「症状」として知られる一定の変化を示すことであると述べている。その症状のうち、健康範囲に近い、軽いところを「神経症」といい、下の重い部分が「精神病」である。もう一つは、「パーソナリティの歪み」である。これは、「病気」のようにある時点から変化が現れるものではなく、持続的に環境に対する適応行動に問題がある、歪みがある、と考えられるものである。いわば、パーソナリティの歪みは、その人の「人となり」にその源泉があると考えられるものである。しかし、複雑な、多様な人間のこころは、その不調においても、一元的に二つのカテゴリーにはっきりと区別できないこともあることを知っておかなければならない。

　精神障害は、現れる障害の種類によって分類することもできる。「統合失調症」、気分障害としての「躁うつ病」、不安障害としての「神経症」、人格障害としての「境界性人格障害」、その原因としての「アルコール依存症・薬物依存症」などに分けて考えることができる。

　さらにもう一つは、その原因によって分類する方法である。すなわち、精神障害の原因が、内因性か、外因性か、心因性かによって分類する方法である。

内因性精神障害　　　統合失調症　　　破瓜型　緊張型　妄想型　残遺型

　　　　　　　　　　躁うつ病　　　　うつ病
　　　　　　　　　　　　　　　　　　躁うつ病

外因性精神障害　　　器質精神障害
　　　　　　　　　　　　病原体による脳の炎症、頭部外傷、脳の血管障害などによって起こる。障害の部所や障害の程度によって、さまざまな症状が現れる。意識障害、錯乱、逆行性健忘、作話、混迷、失語などをはじめ、てんかんなどである。
　　　　　　　　　　症状精神障害
　　　　　　　　　　　　脳以外の身体的疾患によって起こる精神障害である。その中心は、意識障害である。

　　　　　　　　　　中毒精神障害
　　　　　　　　　　　　体外から有毒物質が入ったために大脳に影響し、それによって生じる精神障害。

アルコール関連障害
　　急性アルコール中毒－病的酩酊
　　　　　　もうろう状態
　　慢性アルコール中毒（アルコール依存症）
　　　長期にわたる連続的な飲酒によって起こるもので，アルコールに対する心理的依存と身体的依存の両者がある。肝機能障害や手振れなどをともなうことが多い。
　　覚醒剤中毒
　　　分裂病的な幻覚妄想と興奮をきたし，犯罪に至ることも多い。

心因性精神障害　　神経症（ノイローゼ）
　　ヒステリー
　　強迫神経症
　　　強迫観念
　　　強迫行為
　　不安神経症　パニック，外出恐怖，人ごみ恐怖
　　心気神経症
　　恐怖症
　　　赤面恐怖症
　　　疾病恐怖症－消毒ばかりする

　　心因性精神病
　　　発病は心因性で，症状は精神病までは至らない。

　　適応障害
　　　家庭，学校，職場，地域社会などでストレスが原因で不適応反応が生まれるもの。他の精神障害にはあてはまらない軽い症状の精神障害。不安や憂鬱，かるい逸脱行動などの症状が現れる。仕事で失敗して会社に出勤するのが困難になったサラリーマン，嫁・姑の心理的軋轢によって生じる女性の不定愁訴。

　さらに，精神病傾向としての分類も考えられる。

人格障害（性格障害・精神病質）
　　一風変わった人のこと。精神病との関連で軽度の精神病傾向を持続する者。クレッチマーの分裂病質，躁うつ病質がこれにあたる。つまるところ，人格障害は，適応の問題である。

精神発達遅滞と認知症
　　精神発達遅滞
　　　ダウン症候群（染色体G群 21 番の異常によるもの）
　　　　　　ＩＱの目安：
　　軽度発達遅滞　　ＩＱ 50 － 55 から約 70
　　中度発達遅滞　　ＩＱ 35 － 40 から 50 － 55
　　重度発達遅滞　　ＩＱ 20 － 25 から 35 － 40
　　最重度発達遅滞　ＩＱ 20 － 25 以下

認知症
: 一度発達した知的能力がなんらかの脳の異常によって低下するものをいう。とくに老年期に関連する病態である頭部外傷などによってみられる。

脳血管性認知症
: 脳梗塞や脳出血によって脳が障害を受けたときに起こる。記憶力障害が起こる。

アルツハイマー病
: おおよそ55歳から65歳ごろまでに現れる。脳が全般的に萎縮し,初期には記憶障害などが現れるが,やがて人格障害が現れ,荒廃し死に至る。

その他の障害

摂食障害　　思春期やせ症－完全主義の女性,太ることを極端に恐れ,やせ願望をもつ。拒食,過食を恐れ嘔吐や下剤を乱用する。

性的異常　　同性愛,サディズム,マゾヒズムなど。

Key word

精神障害
神経症
精神病
パーソナリティの歪み
統合失調症
躁うつ病
境界性人格障害
アルコール依存症
薬物依存症
内因性精神障害
外因性精神障害

心因性精神障害
人格障害
精神発達遅滞
認知症

摂食障害
性的異常

安寧であることの原風景。

Box－16　こころの風邪，うつ病

　ＮＨＫの「クローズアップ現代」は，うつ病をだれにも起こりうる現代の「こころの風邪」として放映している。ある大学の医師が1,300人を対象に面接による調査をおこなったところ，現在，治療を受けているうつ病患者の数は，20万人といわれている。さらに，うつ病にかかりながらも治療を受けていない人の数は，130万人以上にものぼるといわれている。さらに，かつて一度はうつ病を経験した人は，20人に1人と推定されている。うつ病は，ストレスの多い現代社会では，だれでも，その病気にかかりうる潜在性をもっている。うつ病がこころの風邪といわれる所以である。何かのきっかけ，たとえば，子育ての悩みや出産，退職やリストラ，仕事の失敗，あるいは，離婚といったものが，引き金になって起こるものである。うつ病になっても，自分で気づかないでいる人も結構いるといわれている。

　ある36歳の女性は，離婚を契機として発病している。夫と別れ，教師としての仕事と子育ての責任感から，憂うつな気分が進み，微熱が続き，内科の診断を受けるが異常はない。その症状に3年間苦しみ，手首を切る行動を起こしたことから精神科医の門をたたき，うつ病と診断される。33歳のあるサラリーマンは，仕事で大きな失敗をして発病した。ものごとを考えることができない思考停止の状態が続いたが，病院に行こうとはしなかった。

　うつ病がその病にかかっていても，自分で気づかないでいる理由の一つは，うつ病の症状が気分や気の持ち様といった性癖的なものと混同されやすいからである。気分が憂うつだ，眠れない，食欲がない，何にも気乗りがしない，といったことは，日常の生活でもよくあることである。そういった症状を自分の性格ではないか，気が弱いせいではないかと考える人もいる。これらのことから，つい「自分は性格が弱いからかな…」とか，他の人からも「あなた，怠け者だからよ…」といったことですまされていることもみうけられる。

　しかし，うつ病は，はっきりとしたこころの病である。うつ病は，憂うつ，沈んだ気分になる，何にも興味がもてない，喜びを感じない，眠れない，食欲がない，自分に自信がもてない，集中力がない，といった症状が特徴である。しかし，最近の研究によると，うつ病は，はっきりとした脳の障害であることがわかっている。健常な人とうつ病の人の脳を比較すると明確な違いがみられる。

　そのテレビの伝えるところによると，ＰＥＴという機器で健常な人の脳とうつ病の人の脳の画像をとると，脳の活動が活発な健常な人の画像は，活発な活動をあらわす赤い画像があらわれるのに対して，うつ病患者の脳の画像は，その活動が低下しているのを示す青色であらわれ，赤い部分がない。また，うつ病ではなく，単に不安を感じている脳も，赤い色であらわれる。このことから，うつ病は，明確な脳の機能低下の病気であるということができる。

　うつ病の発症のメカニズムがわかってくるにつれて，治療の方法も大きく前進している。とくに，よい薬がつくられ，薬による治療が大きく進歩している。うつ病の治療は，早期発見が大切である。早期発見されれば，たとえば，発病から1か月以内であれば，2週間から3週間で大きく改善するといわれている。このことから，パソコンで秘密裏に自分で自己診断できる病状項目もつくられている。

　現代社会は，きわめてストレスの多い社会である。うつ病の発症は，まじめすぎて几帳面であるといったその人の性格的な面もあるが，現代のストレス社会も，それ以上の大きな要因として存在していると考えられる。うつ病は，ひどくなれば「自分は生きる価値がない…」と考え込み，自殺に至ることも多々あるので，早期発見，早期治療というのが「こころの風邪」を退治するもっとも賢明な方法である。

Key word

こころの風邪
うつ病

安寧。不安はない。

17

こころの相談 − カウンセリング

Key word
カウンセリング

こころの相談　精神的な障害をかかえている人はもちろん,普通の日常的な生活を送っている者も,こころに悩みをもち,こころの相談にのってもらいたいと思うことも決して少なくありません。そのこころの相談が「カウンセリング」といわれているものです。カウンセリングは,昨今のストレス社会を象徴するかのように,おとなの社会においては,サラリーマンや学校の教師の間でひそかに浸透しているようです。さらに,学校教育の現場においては,最近のいじめ,非行,登校拒否,校内暴力,自殺,殺傷事件などのこころの悩みやこころの荒廃など,カウンセリングの対象となる事件が噴出しています。

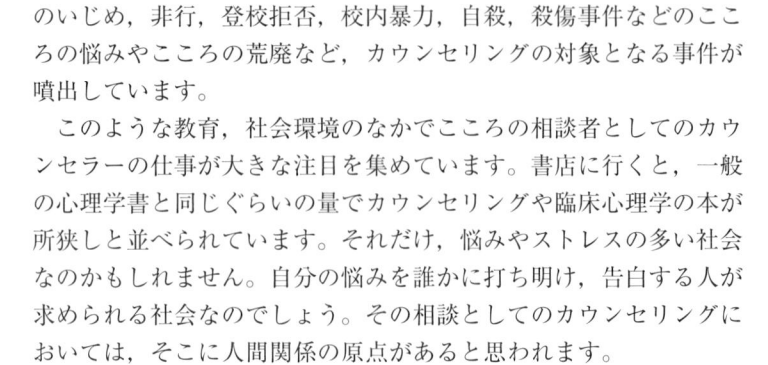

　このような教育,社会環境のなかでこころの相談者としてのカウンセラーの仕事が大きな注目を集めています。書店に行くと,一般の心理学書と同じぐらいの量でカウンセリングや臨床心理学の本が所狭しと並べられています。それだけ,悩みやストレスの多い社会なのかもしれません。自分の悩みを誰かに打ち明け,告白する人が求められる社会なのでしょう。その相談としてのカウンセリングにおいては,そこに人間関係の原点があると思われます。

　こころの悩みや相談を受ける人をカウンセラーといい,相談をする人をクライアントといいます。カウンセラーは,クライアントの悩みや相談の内容をよく聞き,その悩みやこころの苦しみを解決するようなアドバイスをしなければなりません。クライアントの悩みや苦しみを受容するなかでクライアントが自分自身を洞察し,自分で解決の方向に向かうようにすることが大切です。

相談するともなく相談している。相談する時点で,すでに結論はでているからだ。

カウンセリングの3つの条件　カウンセラーのクライアントに対するカウンセリングの態度として，カール，R.ロジャーズ（Rogers, C. R）は3つの条件をあげています。

一つは，「自己一致」です。つまり，カウンセラーは，裏も表もない，あるがままの人間，真実の人間として接するということです。これによって，二つ目は，「共感的理解」をもつ，ということです。カウンセリングには，カウンセラーとクライアントの間の心理的な雰囲気をつくることが大切です。そのためには，カウンセラーは，相談者，すなわち，クライアントの反応をそのうち側から受けとめ，共感し，理解することが大切です。「共感」とは，「クライアントの体験した感情やこころの状態，あるいは，主張を自分のものとして感じ，理解すること」です。カウンセラーは，その共感的理解でクライアントの感情や経験をとらえることで，クライアントと同じ視線でその世界を見ることができ，クライアントは，「わたくしを理解してくれた。わたしの気持ちが理解してもらえた」という気持ちのなかでこころを開いていくことができるのです。宮原ら（2002）は，保育においても，保育者が子どもにかかわる対応を「応答的保育」として定式化し，単にことばや行動・態度といった表面的な対応ではなく，保育者のこころの奥底にある「共感的理解」を通して対応することの大切さを説き，それを「こころの応答」モデルとしてあらわしています。

第三に，カウンセラーは，クライアントの人格を「尊重し，受容し，信頼する」ことが大切です。クライアントを価値をもつ一人の人間として尊重し，クライアントの感情や意見，人格を受容することです。それによって，クライアントとの間に，基本的な信頼関係をつくりあげることができるのです。

この3つの条件は，教師と生徒・学習者との関係という教育現場におけるカウンセリングにおいてはもちろんのこと，企業や他のすべての分野におけるこころの相談，カウンセリングにおいていえるものです。カウンセラーは，常に，自分を偽らず，見せかけをやめ，常に相手を受容する気持ちをもち，相手の人格を尊重し，尊敬し，信頼するものでなければなりません。このことからいえることは，カウンセリングというのは，単にクライアントに対する心理学的知識の伝達ではないのです。信頼と尊敬に基づく，こころとこころの触れ合いなのです。おそらく，カウンセリングは，専門的な心理学的な技術や知識だけではなく，深く人生を洞察し，聞く耳をもち，人間性に充ちた生き方から生きる力を与えることのできるものでなければならないのです。その意味で，カウンセラーは，深く人生経験に裏づけられた者でなければなりません。Box17で述べる一心理学者のこころの相談者としての歩み，『空我を生きる』は，まさしく，それを物語っています。

カウンセリングと教育　最近，さまざまな青少年の犯罪，問題行動が噴出しています。このような問題行動が生まれてくる背景に

Key word

ロジャーズ
自己一致
共感的理解
カウンセリング

教師も学ぶ存在である。

Key word
カウンセリング

は，学校，家庭，社会といった子どもが成育する環境が抱えている問題があると思われますが，その一つとして，学校教育があることは確かです。学校教育は，本当の意味で，カウンセリングの視点にたつ教育でなければならないのです。この意味で，カウンセリングこそ，まさしく，教育の原点であるということができます。教師は，生徒の人格を尊重し，気持ちを受容し，信頼してこそ，本当の意味での教育が成立するのです。

村山（1992）は，伝統的な教育との比較において，カウンセリング的な教育についてその考え方の特徴を次のように述べています。

1. 知識を得る方法や質問の仕方を重視し，新奇な発想に注目し，既存の知識や事実も変化するものとしてとらえ，個々の断片的な知識よりも全体の流れを重視する。
2. 学ぶことは，一つの過程で，旅である。
3. 生徒と教師は人間として付き合い，形式的な役割にはこだわらない。
4. 柔軟な思考を教育する。一つのことを教えるにも，いろいろな方法があるという信念。
5. 自分の信じるものが一番大切で，成績はそれに付随するもの。
6. 内面的な世界の学習を教育の基本とし，想像力，創作力を重視し，自分の感情を大切にする。
7. 推理やわき道は，独創力を養う。
8. 左右の脳を使うように教育する。左脳は合理性を，右脳は直感力，非直線性で補う。
9. 教育の可能性を限定するような差を設けた教育をしない。
10. 実験や経験で理論的な知識を補う。それは学校の外でも可能。
11. 学習する環境を大切にする。環境の照明や配色，換気などに配慮する。
12. 社会の要請を受け入れる。官僚的決定をしない。
13. 教育を生涯教育としてとらえ，学校教育はその一部である。
14. 技術はほどほどに，教師と学習者の人間関係を第一におく。
15. 教師も学ぶ存在である。教師も生徒から学ぶ。

それに対して，伝統的な教育では，教師が多数の子どもを対象にほぼ一方通行として知識を伝授し，分け与えるといったもので，カウンセリング的教育の対極にあるものと考えてよいでしょう。このような教育では，わかる子どもは理解し，わからない子どもは，取り残され，最後にはドロップ・アウトしてしまうことも起こります。カウンセリングは，単に悩みや相談だけではなく，その手法や思想は，人間教育の原点をなすものなのです。

カウンセリングと社会　カウンセラーの基本は，相手，すなわち，クライアントの話をじっくりとよく聞くことです。じっくり聞いてあげることです。ところが，現代社会の特徴は，人の話をじっくりと聞いてあげる人が極端に少なくなった社会である，というこ

ドロップ・アウトをうみださない注意。

とができます。現代の社会を特徴づけて「情報化社会」といいます。テレビや新聞，インターネットをはじめ，情報が氾濫する社会です。情報が過剰に氾濫し，錯綜している社会であるといえましょう。しかし，一方，その情報が錯綜する社会において，人間の孤立化が進んでいるのです。70年代から80年代にかけての高度経済成長を契機として起こった若年労働者の都市への移動，核家族の出現，家庭における少子化，テレビゲーム，パソコンなどによる人間関係の希薄化。それらは，人間を孤立化，孤独化へと進めています。

いま日本では，一人一人の人間を孤立化，孤独化させていると同時に，さまざまな社会的情報の氾濫によってストレス社会が出現しています。学校に行っている子どもはもちろんのこと，家庭にいる主婦も，あるいは，第三齢代にはいった人たちも，孤独とストレスのなかで生きているといっても過言ではないでしょう。いま若者の間で流行っている携帯電話も，いわば若者の孤独感のあらわれであるかもしれません。テレビをはじめさまざまな情報の受信者としての自分は存在するけれども，情報発信者としての自分は存在しないという孤独感です。

このような環境のなかで，自分のこころの悩みを聞いてもらいたいと思う人の数は大きく増大しています。もちろん，精神的な障害をかかえた人のカウンセリングは，その治療にとって大切なものです。精神科の医師や臨床心理学者による専門的なこころのケアは，これからますます重要なものとなってくるでしょう。しかし，それと同時に，孤独な主婦や高齢者のこころの悩みや苦しみを聞いてあげるのも，ますます大切になってきています。

いま，高齢者の間で，高齢者が高齢者の悩みを聞く，「シニア・ピアカウンセリング」が注目を集めています。ピアカウンセリングは，1970年代アメリカではじまりました。仲間同士が相談しあい，さまざまな悩みや不安を同じ立場の仲間（ピア）でケアしていこうとするものです。「定年後の生活が楽しめない」「妻に先だたれ，生きる自信がない」といった悩みや不安を仲間に話し，仲間と相談し，そのなかから一緒に解決の方向を見出していこうとするものです。

それには，地域社会のつながり，人間関係が大切になってきます。次の章で，福祉社会における地域の支援とつながりとしての地域社会の復権について考えてみましょう。

Key word

カウンセリング

シニア・ピアカウンセリング

問　題

1) カウセリングとはどんなことですか。

2) カウンセリングの3つの条件について述べなさい。

3) カウンセリングが教育の原点であると考えられるのは，どうしてですか。

4) 現代社会におけるカウンセリングのもつ意義について述べなさい。

Box－17　『空我を生きる』－ある心理学者の苦悩と光

　福祉心理エッセイとして『空我を生きる』という本がナカニシヤ出版から出版されている。著者は，鹿児島大学名誉教授の十島雍蔵氏である。

　氏は「空我」を「自我」と「無我」との対比で述べている。「自我」とは，「私が，私が」と自己主張的に自分を前面に押し出して我意に生きる利己的な〈私〉である。それを否定して私心や私欲を断って，自分を抹殺し，滅私奉公的に人のために尽くす他利的な〈私〉が「無我」である。それに対して，「空我」とは，もっと己を大切にしながら，人を生かし，自分も生かされる自利他利のことである。「空我」とは，還暦を迎えた氏の雅号でもある。このことから，「空我を生きる」とは，まさしく，それまでの氏の生き方とこれから生きようとする氏のこころをあらわしたものである。

　実は，十島氏とは，わたくしたち著者は大学の同窓である。天真爛漫の明るい性格の十島氏しか知らなかったわたくしたちがこの著書に接したとき，大きな衝撃と感動を受けた。氏は，かつての－いまもそうであるが－明るい，人なつっこい，くったくのない表面的な人柄からは想像もできない，人生の苦しみと苦悩を経験していたのである。

　話はいまから30年以上前に遡る。昭和42年の1月に氏に一人の男の子が生まれた。長男の有志（ゆうじ）くんである。生まれてきた子どもは，将来「こころざしのある」立派な人間に育ってほしいと願いをこめて「有志」と名づけられた。しかし，その子どもが知恵遅れの重度障害児となったのである。30歳を過ぎたいまでも，有志君のこころの発達は3歳のままである。

　健常な子どもとして生まれた有志君は，生まれた年の11月に博多でおこなわれた大相撲九州場所につれていかれた。そのとき，ハイハイしていた有志君がちょっとしたすきに階段から転倒し，頭を強く打ったのである。それからしばらく経って，有志君は横綱の土俵入りの真似をするようになった。最初はこんな赤ちゃんなのに土俵入りの真似をするといってよろこんでいた氏も，どうもようすが変である。頭部打撲によるテンカンの発作であったのである。検査を終えた大学病院の医師は「テンカンです。かわいそうですが，将来は，重度の知恵遅れとなるでしょう…。」と告げたのである。氏は，その厳粛な事実に大きなショックを受けたあと，その苦悩のなかから，この現実を受容し，そのあと，福祉と教育の狭間で生きていくことになる。

　そんな氏は，子どもがダウン症と診断された一人の母親からその苦しみを伝える一通の手紙を受けとる。「…考えれば考えるほど，不安で押し潰されそうです。スヤスヤ寝ている子どもの寝ている姿を見ると，いっそこのまま子ども3人とともに死んでしまおうかと考えます。これから生きていく上で，夢や希望，幸せといったものは，すべてわたくしたち家族のなかから消えてしまったような気がします。…本心は『こんなのどこかいってしまえばいい』『いっそのこと短命であって欲しい』と願う（すみません）気持ちさえあります…」。そこには，めんめんと愛と苦悩と絶望にうちひしがれた母親のこころの吐露が述べられていた。同じ悩みのなかで父親として研究者として生き抜いている氏は，励ましの手紙の最後に「神様は，あなたを不幸にするためにこの子を授けてくださったのではありません。あなたを幸せにするために授けてくださったのですよ」「…このことばを空々しいことばと受け取られるかもしれません。でもいつか必ずそう思える日がきっときますから…」と書き綴ったのである。

　氏は，もちろん，これを単なることばとして書いたのではない。氏自身が「わたくしたち夫婦もいまではそう思っているし，神様が十島君の家族なら有ちゃんを絶対に不幸にすることはあるまい」と信じたからこそ，「有志をわたくしたちに託してくださったのだと思っています。だから，神様の信頼だけはけっして裏切ることのないような生き方をしなければといつも心がけています」。まさしく，「空我を生きる」である。

　氏は，現在，社会福祉法人，吾子の里，精神障害者更生施設「きずな学園」理事長として，鹿児島大学を退官後は，志學館大学の教授として福祉と教育の狭間のなかで多くの障害者のこころの支えとして光のなかで生きている。

Key word

空我
自我
無我

Box － 17　臨床心理士

　臨床心理士とは，大学の文学部，教育学部，さらには福祉学部などそれに関連する学部で心理学，教育心理学を専攻し，その知識や技術を生かして臨床的な仕事，すなわち，心理測定やカウンセリングの仕事にたずさわっている者をいう。しかし，最近では，日本臨床心理士資格認定協会が臨床心理士として認定したものを指すようになっている。その資格を獲得するには，大学院の修士課程を終了し，一定の試験に合格しなければならない。

　その仕事の一つは，一般に，病院，クリニック，学校，児童相談所，教育相談所，子育て支援，高齢者支援，災害時の被害者支援，職場の健康相談室などで心身の悩みや不安，苦痛をもっている人を対象におこなうアセスメントである。アセスメントの種類としては，心理テスト，面接，観察などがある。

　心理テストの歴史は，1905年，フランスのビネー，(Binet, A.)によってつくられた知能テストがそのはじまりである。その後，アメリカで集団知能検査がつくられ，1930年から1940年にかけて質問紙や投影法が作成された。投影法のもっとも代表的なテストは，1921年，スイスの精神科医，ロールシャッハによって開発されたロールシャッハ・テストである。このテストは，インクブロットを画板に落としてつくったような左右対象になった図像をどのように判断するかによって，その人の性格特性を引き出そうとするものである。性格検査としては，矢田部・ギルフォード性格検査，あるいは，内田クレペリン作業検査などがある。

　臨床心理士は，これらのテストを使って，さらに面接などの結果を加味してアセスメントをおこなうわけである。

　臨床心理士のもう一つの主な仕事は，カウンセリングである。カウンセリングとは，カウンセラーと相談者，あるいは，患者との間の人間的交流のなかで，相談者，あるいは，患者のこころの悩みやその治療をおこなっていくことである。こころの悩みに対する「こころの支援」，これがカウンセリングである。しかし，それは単なるこころの支援ではなく，専門的な理論，知識，技術にもとづく支援である。そのために，臨床心理士という資格がもうけられている。学校心理士は，4年制大学で教職課程を修得し，大学卒業後5年間の教育相談等のカウンセリングの経験を有する者に与えられる。さらに，大学において心理学の一定の単位を取得すれば認定心理士の資格をえることができる。

　カウンセリングは，複雑な現代社会の有り様を反映して，さまざまな分野で注目を集めている。学校教育のなかではもちろんのこと，最近では，企業においても，「こころの相談室」をもうけているところも多くなっている。社員，1万4千名のある企業では，「社員が元気でないと生産性が上がらない」「過労による事故が起こると企業も損害を被る」という考えのもとに，社員のこころの相談に臨床心理士があたり，好評を博している。臨床心理士は，子どもとの関係がうまくいかない社員には，毎日子どもと15分間話すことを勧める。職場の人間関係の緊張から肩こりに悩む社員には，自己主張の訓練をさせる，といったことで，社員のもつさまざまな悩みに対処している。もちろん，相談の内容は，会社をはじめ，他言はしない。その守秘義務を守っての毎日である。

仮面（自己という衣装）ごしに向かいあう

Key word

臨床心理士
ビネー
ロールシャッハ・テスト
矢田部・ギルフォード性格検査
内田クレペリン作業検査
カウンセリング

Box － 17　患者の心をどう支えるか

キューブラー＝ロスは，死を免れない末期ガンの宣告を受けたおよそ 200 名の患者に面接をおこない，その心理的なプロセスを 5 つの段階に分けて説明している。

第1段階	否認と孤立	ショックが大きいほど現実を肯定することはできず，「これは，なにかの間違いだ」といった現実否認や現実逃避が顕著にあらわれる時期で，病院を変えたり，行動が混乱するといったことが起こる。
第2段階	怒り	もはや否認できなくなると，「なぜ，よりによってわたしが……」とか「これは○○○のせいだ」といった気持ちに代表される「怒り」の時期になる。この「怒り」は，単なる憤りにとどまらず，健康者への羨望や怨み，あるいは，具体的な攻撃行動として表面化することもある。
第3段階	取引あるいは回復への期待	なにかおこなうことでこの不可避的な事態を引き延ばせる，あるいは，回避できると考え，「神への信仰」といったことで，いわば「取引」をおこなおうとする。
第4段階	抑うつと混乱	現実が不可避であることを受け入れようとするが，その結果，感情喪失，茫然自失，あるいは，憤怒といた「混乱」をともないながらも「喪失感」のなかで感情的な抑うつ状態が顕著になる。
第5段階	受容	不可避な現実を受け入れ，自分の運命に対して「怒り」もなく「抑うつ」もない心静まる状態

　キューブラー＝ロスの分類における過程は，上に述べた患者だけではなく，たとえば，疾病や事故で外傷を受けた者がその障害や疾病を「受容」し，適応する過程においても同じことが起こる。すなわち，人は自分の力でどうすることもできない大きなショックを受けたとき，こうした「否認」から「受容」へ至る変化を示すのである。

　しかし，ここで重要なことは，このようなプロセスにいる人に対して，どのような「援助」がもっとも有効な「援助」「心の支え」であるか，ということである。たとえば，第 1 段階の「否認」の状態にある人に対しては，「早くあきらめなさい」は禁句である。その場合は，別の病院に一緒に付き添ってあげるとか，本人の「否認」したい気持ちに共感し，それを受容すこといったことが求められる。第 2 段階の「怒り」の状態にあるときは，その「怒り」が自分に向けられたとしても，それを避ければ，その患者はますます孤立感を深めることになる。回避してはならない。また第 3 段階では，「取引」しようとする心を否定してはいけない。第 4 段階の，口数の少ない，茫然自失，憤怒といった「混乱」した心に対しては，温かいスキンシップによるコミュニケーションの「援助」が重要である。最後の第 5 段階においては，「そっとそばにいる」ことこそ，まさしく，その人に対する最大のいたわりである。

安寧であること。やさしいアダージョのメロディー。

Key word

患者の心
否認から受容へ

18

地域社会の支援と復権

Key word

コミュニティ
地域社会

　地域社会の変貌　戦後，日本の地域社会は，大都市を中心に大きく変貌しました。もともと封建的な地域社会のなかで助け合い，支え合って生きてきた日本の社会は，戦後の高度経済成長のあゆみのなかで，大きな変化をとげていったのです。人口の都市への流入とともに，都市部を中心にそれまでの地域社会の連帯は崩れ，都市の住宅問題を解消するために，いわゆる，マンションといわれる鉄筋の集合住宅が雨後の竹の子のようにつくられ，四角いコンクリートのなかで生活する住人は，プライバシーの確保といったことと相まって，孤立した生活を余儀なくされるようになりました。冷たいコンクリートの建物のなかには，管理人はいても，家と家のつながりや連帯は，きわめて希薄なものとなったのです。

　地域には，市や町の行政の末端としての町世話人はいても，その多くは上意下達の機関としての役割しか果たさず，いわゆる，本当の意味での共同社会，「コミュニティ」としての機能は，多くを期待することはできませんでした。

　地域社会のあり様は，大きくいえば，国の成り立ちと歴史にあると思われます。第二次世界大戦後，民主国家となった日本も，その制度や思想も，外国から与えられたものでした。与えられた制度であり，与えられた人権であったのです。フランスやアメリカ合衆国のように民衆が自ら勝ち取ったものではありませんでした。このことから，地域社会の組織や形態も，あるいは，そこで生活する住民の意識も，必ずしも，自治の精神に裏づけられたものではありませんでした。

しかし，そのなかにあっても，その地域社会に根づいた活動をみることができます。そのなかには，公民館や地域医療センターなどがあります。

公民館活動　地域のなかで，コミュニティの機能を果たしているものの一つに公民館活動があります。

公民館は，社会教育法の条例「住民の生涯学習及び地域コミュニティ活動を支援することにより，生活文化の振興，社会福祉の増進に寄与するため…」に基づいて設置され，地域住民の活動を支援しているものです。したがって，公民館は，社会教育の施設としての役割を果たすために，その事業として1）青年学級の実施，2）定期講座の開設，3）討論会，講習会，講演会，展示会等の開催等をおこなうことになっています。その事業の形態は，一つは公民館が主催しておこなうものと，二つには各種団体，子ども会，婦人会，老人クラブ等の連絡，三つ目に施設を地域住民の活動に開放し，社会教育活動などに自由に無料で提供することです。

公民館を利用する地域住民は，それらのいずれかに参加することができます。したがって，公民館活動には，住民は無料で参加できる，公民館が主催する子育て支援のための家庭学級や，老人大学，ボランティア養成講座といったものと，住民企画のグループ・サークル活動があります。グループ・サークル活動は，参加会員の会費によって運営されます。子どものためのプログラムには，剣道，絵画，習字，体操教室などがあります。成人男女を対象としたものには，料理，3B体操，民謡教室，茶道，華道，書道，編み物，英会話教室など趣味の講座が設けられています。

公民館主催の老人会活動は，囲碁，将棋，盆栽，墨絵，俳句などが組まれています。家庭学級では，子育て教室などもあります。一般に，毎週1回の教室で一番参加者が多いのは老人会活動です。高齢者の人びとが積極的に参加するのは，できるだけみんなと社会的なつながりをもちたいという気持ちをもっているからです。どの教室もいつも満杯です。しかも，その参加者は毎週1回のその日がくるのをとても楽しみにしているようです。

婦人会活動の趣味の講座は，自分の好きなことがやれるので参加した人は欠席が少なく，講習で自分の技能を伸ばし，それが地域の銀行のロビーなどを使った絵画展や書道展へと発展していきます。さらに，一年に一回，文化祭を公民館で開催し，その活動の成果を発表することもあります。

ある日本舞踊教室に参加している12人は，2時間たっぷりの稽古に汗をながして切磋琢磨の練習をおこない，浴衣会や初舞会で自分の踊りを発表することを楽しみしています。半年でずいぶん腕があがったと評価をうけると，それが次の励みになってさらに芸を磨くということになります。

家庭学級を企画する人がいつも苦労するのは，参加者が少ないことです。とくに子育てに悩んでいる母親の参加が少ないことです。

Key word

公民館活動

Key word

高齢者大学（老人大学）

母親が子どもを保育所に預けて仕事をするのが多くなった昨今では，夜の子育て講座も多くなり，公民館のサービスも多岐にわたるようになってきました。夜であれば参加する母親も多くなるであろうということですが，それでも参加する人は同じ顔触れです。

このように，公民館を通しての活動は，地域住民の活動の核としてその地域社会を支えているのです。

高齢者大学から生涯大学へ　こういった公民館活動に類似した形式でおこなわれるものに高齢者大学，老人大学があります。全国に数多くあるこれらの大学は，高齢者のために再学習の機会をあたえるものです。その一つに30年の歴史をもち平成19年4月から世田谷区生涯大学と名称を変更した高齢者のための大学があります。この生涯大学の活動理念は，「高齢者が見知らぬ自分の発見と自己啓発を通して，それぞれが新しい人生を創造するとともに，そこで習得した知識と経験を生かして，自主的に社会活動をおこなう拠点として設立され」，さらには地域福祉のリーダーの育成を視野に入れていることです。

受験資格は60歳以上の区内在住者で，2年間を継続して受講することになっています。授業科目は「健康体育」を必修とし，基本の体力づくりや，リズム運動などをとりいれます。授業は5つのコースに分かれて専任の講師による授業や全体の文化講演会，区内施設，区外の施設見学などが含まれています。さらに，「いきいき世田谷文化祭」への参加や学園祭なども企画されています。修業年数は2年間で年30回，年12,000円の受講料が必要です。各コースの募集は30名程度です。この募集は区の広報で知らされます。

生涯大学を修了すると，次に自主研究会に入会し，自主研究会の講義と健康体操を受講します。受講生はほとんどが定年退職したあと，さらに学習をふかめていきたいという意欲のある人たちです。

第30期生の生涯大学での2年間は，「新人口転換と福祉」，「近代産業土木遺産の見方，楽しみ方―世田谷と関東近県の事例を中心に―」，「高齢者社会と環境問題」，などの文化講演のほかに，それぞれのコースには，担当の講師がいて，講義がすすめられます。社会コースでは，はじめは落合恵子著「21世紀家族」の1章女はなぜ主婦なのかの輪読・解説，2章「家族と主婦の誕生」，10章までを輪読し，1年の最後には，政治グループ，社会保障グループ，環境グループ，教育グループに分かれて研究発表をおこない，2年次には新聞時事の解説と討議，藤原知美著「暴走老人」の輪読へとすすんでいきます。

福祉コースの学習内容は，まず福祉について，介護する人，される人，「ピノキオの冒険，知的障害者の粘土細工を見て」の輪読，映画鑑賞「楢山節考」「恍惚の人」など，2年目は，障害者の立場を考える講義が続きます。

生活コースは，「世田谷の街と建物」を中心に学習することになっています。

文化Aでは，日本の文化財や建築史が中心です。文化Bは，音楽を背景とした日本の伝統芸能について，日本の各地に伝わる祭りと文楽，能，狂言，歌舞伎，雅楽，などについての講義がおこなわれます。第30期生の修了記念作品集には，2年間の受講後の幸せな喜びが充ち溢れ，そのなかでとくに印象に残ったのは，保育界のリーダー倉橋惣三の言葉「人間を人間で人間へ」です。

　U3A　高齢者の地域活動の一つとしてオーストラリアなどでおこなわれている活動にU3Aがあります。

　その組織は，高齢者の知識欲を高める活動としてフランスで始まりました。U3Aとは，第三齢代の大学（University of the Third Age）といわれるものです。U3Aは，高齢者が知識や趣味を学習するという意味で表面的には日本の老人大学と似ているところがあります。しかし，その精神・組織において，U3Aと日本の老人大学は，基本的に異なります。U3Aには，その地域社会で生活する高齢者，すなわち，「第三齢代」の人たちの自治の精神で運営されているのです。

　このモデルは，1972年，フランスで生まれました。その目的は，高齢者が学問に直接ふれることで知的生活の質を向上させることでした。しかし，フランスではじめられたときのU3Aは，第三齢代に属する高齢者を対象に，講義，研究旅行，文化活動等を大学のスタッフが計画し，大学の施設を使って実施するというかたちでおこなわれ，学習の企画，立案，実施は，すべて大学がおこなったものでした。

　そのあと，1981年に，U3Aは，ケンブリッジ大学のグループによってイギリスに伝えられました。しかし，イギリスのケンブリッジで創設されたケンブリッジU3Aは，フランスのモデルとは異なり，学習活動を大学からきり離し，U3Aのなかに，第三齢代の会員の自助と相互扶助の考えが取り入れられたのです。U3Aにおいては，そのメンバーは，学習者として参加するだけではなく，その組織を成功させるための，さまざまな計画，立案，運営，教授の義務が求められたのです。まさしく，その地域社会に住む人たちの自治の精神によって大学が組織化され，運営されることになったのです。

　このケンブリッジU3Aのモデルは，1984年，オーストラリアのメルボルンに渡り，そのあと，またたくまにオーストラリア全土に拡がり，1995年には109のU3Aが設立されました。

　オーストラリアU3Aは，ケンブリッジU3Aの伝統を受け継ぎ，メンバーから選出された無報酬の委員会によって運営されます。学習する内容も，ギリシャ史からコンピューター，イタリア語，フランス語，日本語などの外国語，有機栽培，ホビー，スポーツにいたるまで，それぞれの領域で興味をもち，経験をもった者の，教師としてのボランティア活動によっておこなわれます。

　このオーストラリアU3Aの特徴は，第一に，メンバーの学習する動機が知識の探求それ自体にあること，第二に，同質の人の集団

喜びに向けて学ぼうではなく，喜びを得るために学ぼうと訳すべき。

Key word

U3A（University of the Third Age）
第三齢代

この高齢にして，まだ学ぶことがある。U3Aの講義風景。

Key word

U3A

ではなく，メンバーの社会的，経済的地位，教育水準，職歴，文化的な背景も異なっているということです。第三には，自助と自己決定という原理に基づいた組織であることです。第四に，U3Aは，会員の出す会費によって運営されていることです。さらには，もう一つの特徴として，国際的な広がりをもった組織であり，フランス，カナダ，スイス，スペイン，アメリカ合衆国，イタリア，ドイツといった国際的な組織も設立され，高齢者，第三齢代の人たちで国際的な交流と活動がおこなわれているのです。とくに，第三の自治の精神による大学の運営は，日本の老人大学と大きく異なるところです。

　日本の地域社会も，いま大きく変貌しようとしています。地域のなかで問題を解決しようとする機運は高まりつつあります。政治的，行政的には，地方分権への動きです。さらに，ボランティア活動も，さまざまな能力と意志をもった人たちが，ボランティア活動に参加するようになってきました。その動きには，昔と比べると隔世の感すらあります。また，老・壮・青・児・幼年のあらゆる年齢層が参加する伝統的な日本の祭りも，地域社会の連帯と復権の一つの切り札としてさらに大きな役割を果たしていくようにしなければなりません。一方，地域の福祉医療センター，療育センターなどの福祉医療施設は，その地域の障害児，障害者の治療とリハビリに地道な活動を続けています。

　21世紀の福祉は，まさしく，地域社会の支援と支えのなかになければなりません。そのためには，地域住民の一人一人が自主的に，自発的に参加する地域社会をつくっていかなければなりません。その地域社会の復権こそ，21世紀の福祉社会を支える鍵であるといえましょう。

問　題

1）　日本の地域社会の特徴について考えてみましょう。

2）　公民館の地域社会で果たす役割について考えなさい。

3）　生涯大学について述べなさい。

4）　U3Aとはどんな大学でしょう。その特質を三つあげなさい。

U3A 懇親会
（ケンブリッジ）

Box－18　第三齢代の学習
－ゴールドコーストＵ３Ａカリキュラム－

オーストラリア，ゴールドコーストのＵ３Ａ（第三齢代の大学）のカリキュラムは，次の通りである。

月曜　　　　　午前	午後
油絵	創作裁縫
グループ討議／フォーラム	紙切り抜き装飾
英文法	ドラマゲーム
イタリア語会話	フランス語会話
ソロ	初心者のための大極拳
大極拳	大極拳－中級
ヨガ	

火曜　　　　　午前	午後
旅行研究	チェスを愉しむ
中国式絵筆絵画	マッサージ
エジプト学	
ドイツ語－中級	
自己治癒（Heal Yourself）	
飲み，騒ぐ（Reveller）	

水曜　　　　　午前	午後
日本語会話	系譜学（系図学）
ビリヤード	ドイツ語－初級
レース編み／毛糸編み	ドイツ語－中級
書道－初級	ドイツ語／英語　表現法
書道－上級	世界史
中国語	武道
創造的文筆ワークショップ	人形劇
ギャラリ・ウォーク（月一回，第一水曜日）	瞑想とくつろぎ
	スクラブル（盤面でおこなう字並べゲーム）

木曜　　　　　午前	午後
絵画製作	オルガン演奏
ドレスメイキング	手相研究
フランス語－初級	造花作製
フランス語－中級	心理学
日本語－初級	キルト作製
日本語－中級	ロシア語
マージャン－中級	スペイン語－初級
マッサージ	こころの癒し／瞑想
記憶訓練／話し方	

金曜	午前	午後
	天文学	ペンキ塗装 – 初級
	水中フィットネス（9月／10月）	マージャン – 初級
	バックギャモン（西洋スゴロク）	オペラ鑑賞
	カナスタ（一種のトランプ遊び）	超心理学

土曜

ガーデニング（月一回，第一土曜）

国際ダンス

写真

Box － 18　社会福祉協議会

　近年の高齢化社会のなかでの，地域社会での活動は，社会福祉協議会などによって，活発におこなわれるようになってきた。

　社会福祉協議会のもともとの事業は要援護者への支援であったものが，最近ではその対象者や参加者の層を拡大して，住民参加というかたちをとって福祉事業というなかに福祉のまちづくりを目的にするようになってきた。

　住民参加を進める事業として，ボランティアセンターの運営，ボランティアセンター団体の支援，ボランティアセンター体験月間の実施，福祉教育の推進，福祉講座，介護講座等の実施，ふれあい広場（地域での交流イベント），小地域住民福祉座談会などをおこなう。一方，住民参加による事業として，小地域福祉活動（見守り，声かけ，訪問活動等），食事サービス，家事援助サービス，介護サービス，手話通訳派遣，在宅介護者リフレッシュ事業，福祉施設訪問，障害者，高齢者のレクリエーション，スポーツを支援するのである。

　福岡市の場合では，各区のなかに社会福祉協議会やボランティアセンターがあり，地域の住民がそれぞれが助け合いの精神や，地域のなかでの交流の場を増やしながら，ネットワークづくりに参加するようになってきた。そこでは，「ひとり暮らしの高齢者などを支え助け合う活動（見守りや声かけを行う『ふれあいネットワーク』，レクリエーションで仲間づくりを進める『ふれあいサロン』，弁当を配達して交流・安否確認をおこなう『ふれあいランチ』の支援や，在宅で高齢者等の介護をしている人の心身のリフレッシュを図る事業等を行う」ようになっている。

　福岡市の隣町にある志摩町では，志摩町の社会福祉協議会やボランティアセンターは，福岡市と同じような趣旨にそって，これからの地域住民のために何をサービスするかを考え，今日の介護保険制度をいかに円滑におこなうかの取り組みをおこなっている。「いきいき教室」として，おおむね65歳以上の人を対象にして，毎月第2・4木曜日の10時30分から15時まで，軽い体操や，趣味の講座をひらいて，地域の仲間づくりを応援している。さらには，志摩町生涯学習まちづくり事業の一環として「交流志摩専科」という志摩町民大学をつくり，その講座のなかに，「バリアフリーの世界は誰にとっても住みやすい町」というテーマで，これからの高齢者の生活を考えながら，だれもが住みやすいまちにするためのバリアフリーのチェックをおこなうといった町民優位の町づくりを考えている。

Key word

社会福祉協議会
介護保険制度
バリアフリー

19

環境福祉学

Key word

環境福祉学
環境問題

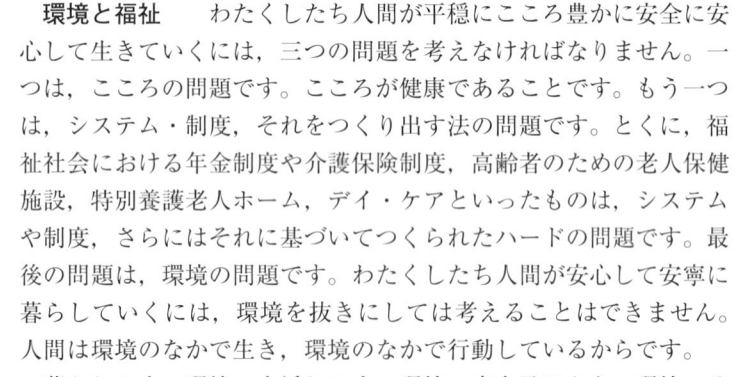

快適という観念がなければ，
快適環境の求めようがない。

環境と福祉　わたくしたち人間が平穏にこころ豊かに安全に安心して生きていくには，三つの問題を考えなければなりません。一つは，こころの問題です。こころが健康であることです。もう一つは，システム・制度，それをつくり出す法の問題です。とくに，福祉社会における年金制度や介護保険制度，高齢者のための老人保健施設，特別養護老人ホーム，デイ・ケアといったものは，システムや制度，さらにはそれに基づいてつくられたハードの問題です。最後の問題は，環境の問題です。わたくしたち人間が安心して安寧に暮らしていくには，環境を抜きにしては考えることはできません。人間は環境のなかで生き，環境のなかで行動しているからです。

　暮らしやすい環境，生活しやすい環境，害を及ぼさない環境，それらの環境がわたくしたちの生活を安全で，豊かにする環境です。このような環境を研究し，つくりあげていく環境学を「環境福祉学」といってよいでしょう。

　現代の社会に住むわたくしたちの目は，まわりの環境問題にきわめてきびしくなっています。人類がかかえる21世紀の最大の課題は，食料問題とともに環境問題であると指摘する人もいます。

　産業廃棄物の燃焼によって生じるダイオキシンなどの有害物質の排出，原子力の燃料廃棄物の処理問題，農薬，遺伝子組み替えによる食問題，自動車の交通量の増大にともなって起こる大気汚染，アスベストの問題，地球温暖化など，わたくしたちを取り巻く環境問題は，枚挙にいとまがありません。人間がつくり出した産物や製品は，便利で有用であると同時に，負の側面をもっているのです。こ

こであげた環境問題とは，人類がつくり出した文明の負の遺産をどのように解決し，処理していくのか，ということでもあります。21世紀の環境問題は，大きくいえば，文明のもつ負の遺産との戦いでもあるのです。

そのなかで，環境福祉学は，わたくしたちがこれからの社会で豊かに安心して暮らしていくために欠くことのできない問題なのです。

レビンの行動公式　ドイツの心理学者，クルト・レビン（Lewin, K.）は，人間の行動は，人と環境の関数であると考え，次のような式をつくりました。

$$B = f(P \cdot E)$$

この場合，Bは人間の行動，Pは人，Eは環境をあらわしています。人間の行動は，その人の特性だけで決まるものでもなく，一方，環境だけで決定されるものでもありません。人間の行動は，人と環境の両者の関数として決まるというものです。

しかし，この定式を環境福祉学という観点から考えていくと，たとえば，障害をもった人や高齢者が，安全で，安心して暮らせる，すなわち，行動，Bをつくり出すには，環境であるEをどのように設定するか，ということになります。環境福祉学では，Bは変数ではなく，恒数となるわけです。すなわち，行動，Bを一定にして，Pの特性に応じた最大限安全で安心できる環境，Eをどのようにデザインするかということになります。

環境福祉についての取り組みは，1975年，国際連合によって「障害者の権利宣言」がおこなわれ，1981年を「国際障害者年」とし，1983年から1992年までを「国連・障害者10年」とするなかで，環境福祉学についてのデザインの研究がおこなわれてきました。最初は，Pの特性を障害者，とくに車椅子の人を中心にEの環境としてのまちづくりや施設・設備の改良がなされてきました。Eを整備することによって，障害者が安全に安心して行動できる環境づくりがはじまったのです。

しかし，その後，人口の高齢化が進むなかで，高齢者，いわゆる，「第三齢代」と「第四齢代」の人たちをも対象とする環境デザインへと拡大・変化していったのです。さらに，これからの21世紀の環境福祉は，障害者や高齢者はもちろん，子どももおとなも，男も女も，年齢・性別に関係なく，その地域社会で暮らすすべての人たちが，安全で安心して暮らすまちづくり，家づくり，環境づくりをしていかなければならないのです。

福祉まちづくり　わたくしたちがその地域社会で安全で安寧に暮らしていくには，「福祉のまちづくり」が大切になってきます。しかし，わが国のこれまでの福祉まちづくりは，上に述べたように，障害者や高齢者のための，いわゆる，社会的弱者といわれる人たち

Key word

レビン
環境福祉学
第三齢代
第四齢代
福祉まちづくり

Key word
福祉まちづくり
バリアフリー・デザイン

の環境整備であったと思われます。はじめは，障害者，とくに車椅子で生活する人を対象に環境整備が進められ，そのあと，高齢社会の進展にともなって高齢者向けの環境の整備と充実に向かっていったようです。それが20世紀までの「福祉まちづくり」の基本的な思想であったと思われます。

しかし，「福祉」というのは，「人間のしあわせ，人間の幸福」を基本とすることばです。そのことから，21世紀の福祉，「福祉まちづくり」は，障害者や高齢者，幼児といった，社会的弱者だけではなく，もちろん，当然のことながら，これらの人びとを包摂した，その社会で生活するすべてのおとなや子ども，男も女も，年齢や職業の別なく，すべての人がしあわせに暮らせる「まちづくり」でなければなりません。すなわち，これからの「福祉まちづくり」は，その街で暮らすすべての人間の生活環境全般に関係するものでなければならないのです。

21世紀の「福祉まちづくり」には，さまざまな立場の人たちが知恵を出し合い，支えあっていかなければなりません。まず，行政的には，地方自治体が「福祉まちづくり」のための条例や基準をつくり，指導，支援していかなければなりません。企業は，「福祉まちづくり」のためのさまざまな器材や材料，商品を開発し，供給し，その技術とノウハウを提供していかなければなりません。さらに，よりよい「福祉まちづくり」のための大学や研究所での研究も必要です。大学や研究所での研究は，単に建築学といったハードの側面だけではなく，その地域社会で安全に安心して生き生きと生活できるためのこころの問題も，その対象として取り上げられなければなりません。大学や研究所では，さらに，建築や構造のハード，安心や安全といったこころのソフトの問題と同時に，制度や基準といったシステムの問題をも研究しなければならないでしょう。また，「福祉まちづくり」には，必要不可欠な者として「デザイナー」も欠くことはできません。最近知られるようになった「バリアフリー・デザイン」の設計も，これら専門のデザイナーを抜きにしては考えられません。また，その地域社会の「福祉まちづくり」は，そこに住む住民の意志を無視してつくりあげることはできません。住民の参加，あるいは，意志を「福祉まちづくり」に反映させることも，重要なことの一つです。

「福祉まちづくり」は，その地域に暮らすすべての人たちが，安全に，安心して，こころ豊かに暮らすためのまちづくりであるといえます。その意味で，神戸の大震災は，わたくしたちにこれからの新しいまちづくりにさまざまな問題を提起しました。20世紀の先端を行くといわれたユニークで先導的なまちづくりをしてきた神戸が一瞬にして多くのビルや建物が壊れ，廃虚と化したのです。そこには，「福祉まちづくり」は，バリアフリーなどのデザインだけではなく，もっと根本的な問題があることを物語っています。建物の耐震構造，ガスや水道，電気といったライフラインの問題，それらのより根本的な問題を含めて，そのまちに住むすべての人が安心して安全に暮

らせる「福祉まちづくり」をしていくことが21世紀のわたくしたちに課せられた重要な課題なのです。

　バリアフリー　最近,「バリアフリー」ということばをよく耳にします。「バリアフリー」ということばは,「Barrier」, すなわち,「障害」と「Free」, すなわち,「自由な, 解放された」という2つのことばを組み合わせてつくった造語です。つまり,「障害物のない」ということです。高齢社会を展望するなかで生まれたことばです。「バリアフリー」ということばは, 1960年代ごろから建物のなかの身体障害者の移動をスムーズにおこなうための障害物除去ということではじまったといわれています。

　このことから,「バリアフリー」の住宅とは, わたくしたちの住まいの環境を障害のない構造にし, そこに住む人が安全で快適に, 使いやすく, スムーズに行動できるような住環境をいいます。「バリアフリー」の建物といえば, たとえば, 家のなかに段差のない建築物のことです。また, 必要なところには, 手すりを設け, そこで生活する人が家のなかの段差で転ばないようにするとか, 移動を容易にするといったことに配慮してつくられたものです。事実, 高齢になると, 段差につまずいて, 脚を折って入院し, そのあと精神的に落ち込み, 日常生活ができないようになるといったケースは, 結構多いものです。

　東京都では, コンビニエンスストアーやファーストフード店といったこれまで主として若者が使っていた小規模店にも, 新しく出店する店舗には, 出入り口の段差をなくしたり, 車いすに対応したトイレといったバリアフリーを義務づけるようになりました。建物の構造をどうするか, 障害者や高齢者, あるいは, 幼児といった人たちをはじめ, わたくしたちがそこで安全で安心して過ごすことができるようにするための構造や配置の問題です。また, これからの新しい駅については, エレベーターの設置が義務づけられるといったこともハードの問題です。最近, バスも乗降口の段差をできるだけ小さくして, 幼児でも高齢の人でも安心して乗降できるように改善されたものも現れています。

　さらに, 最近では,「ノーマライゼーション」, すなわち, 人間は基本的に自分の家で普通の生活をするということがもっとも大切であるという思想を背景に「ユニバーサル・デザイン」ということがいわれるようになりました。「ユニバーサル・デザイン」とは, 年齢, 性別, 障害の有無に関係なく, すべての人がだれでも安全に安心して使える, 使いやすい, デザインのことです。「バリアフリー・デザイン」から「ユニバーサル・デザイン」へ。「バリアフリー・デザイン」が, 主として障害者や高齢者を対象に考えるのに対して,「ユニバーサル・デザイン」は, そこに住むすべての人が安全に安心して快適に行動し, 暮らすことのできる環境づくりを目指すものです。そのためには, 広く人間の行動や生活を総合的に見直し, さまざまな場面におけるさまざまな人の行動を研究し, その共通する要

段差のない道

Key word

バリアフリー
ノーマライゼーション
ユニバーサル・デザイン

Key word

ユニバーサル・デザイン
環境福祉学

素を見出し，デザインする設計が求められます。それには，福祉と医療と建築学はもちろんのこと，さらに，デザイン，行動科学としての心理学など，さまざまな研究領域の研究者が参画し，「ユニバーサル・デザイン」としての環境福祉学の研究・開発を推進していかなければならないでしょう。

問　　題

1) 「環境福祉学」とはどんなことでしょうか。

2) 環境福祉とレビンの行動公式について考えなさい。

3) 「福祉まちづくり」には，どんな力が必要ですか。

4) 「バリアフリー」から「ユニバーサル」へ，について考えてください。

Box − 19　心理的環境と物理的環境

　吹雪の舞う暗くなったある夕暮れ，一面真っ白の銀世界のなかを一人の旅人が遠くにかすかに見える明かりを頼りに，その明かりの家にたどりつき，一夜の宿を請うた。宿の主人は，その旅人を見てどちらから来たかを尋ねた。旅人は，後ろを振り返り，いま来た方向を指さした。宿の主人はびっくりして「氷の上を馬に乗って来られたのですか！」と言った。旅人は，そのことばを聞き，落馬し，死んだ。

　ドイツの心理学者，コフカ（Koffka, K.）は，環境の二重性についてこのような挿話を紹介し，環境には，物理的環境と心理的環境の二つがあることを述べている。この挿話でいえば，この旅人にとっては，通ってきたところは，一面真っ白な雪でおおわれた，かすかな灯火へと続く一本の道であった。だから，旅人は，そこを進む行動をとったのである。つまり，旅人にとっては，心理的には，すなわち，心理的な環境としては，一本の道であったのである。ところが，実際の物理的な環境としては，湖に張りつめた氷の上であった。もしその旅人が，そこが湖の張りつめた氷の上であるとわかっていたら，その上を馬で進むという行動はとらなかったであろう。

　その挿話は，環境というものについて大切な二つのことを教えている。第一は，環境といわれるものには，「物理的環境」と「心理的環境」という二つの環境があるということである。物理的環境は，わたくしたちのまわりに客観的に，物理的に存在する環境である。もう一つは，わたくしたちの感覚を通して頭のなかに描き出された環境である。すなわち，心理的環境である。環境の二重性といわれるものである。

　第二は，人間の行動は，心理的環境，すなわち，目や耳といった感覚器官を通して頭のなかにつくり出された世界によって引き起こされるということである。人間の行動を誘発するのは，物理的環境ではなく，心理的環境である。物理的環境と心理的環境が同じであれば，問題は起こらない。あるいは，その環境にスムーズに適応できる。事故が起こるのは，物理的環境と心理的環境との間に落差，違いがあるときである。歩いているとき，平坦だと思って，すなわち，その心理的環境のなかで行動しているとき，段差があると，物理的環境と心理的環境との落差のなかで，その段差につまずき，転倒し，事故に至るというようなことは，よくあることである。

　心理学は，こころについての学問である。言い替えれば，心理的世界，心理的環境についての学問であるといっても，過言ではない。物理的に同じ大きさの太陽も，水平線に沈むときは，大きく見え，中天にあるときは，小さく見える。これも物理的世界と心理的世界の違いである。こころの「いたずら」といってもよい。人間のこころは，さまざまなところで物理的世界と違ったこころの世界をつくり出している。そのこころのあり様やこころの法則を研究するのが心理学である。

　福祉環境学といわれるものが，建築やデザインといったハードの面だけではなく，人間の行動と環境という問題についての心理学的，ソフト的研究が望まれるのは，そのためである。

Key word

コフカ
心理的環境
物理的環境

20 こころの健康科学

Key word

こころの健康
予防
保健
精神衛生

「予防」から「保健」へ　身体的健康が人間が生きていくうえでの一つの重要な要素であるとするならば,「こころの健康」も,それに劣らず重要です。わたくしたち人間は,「こころの健康」を維持し,毎日の生活をすこやかに過ごすことが大切です。

「こころの健康」という場合,「保健」あるいは「健康」ということが非常に大切な概念となります。第5章「補償か,予防か」で,21世紀の福祉は,いったん障害や疾病になったとき,それを治癒し,補償することも大切であるけれども,障害や疾病にならないように予防することも,それに劣らず重要である,と述べてきました。「補償」が20世紀型の福祉であるとすれば,21世紀の福祉は,それをさらに前進させ,「補償」を包摂し,さらに「予防」へと至るものでなければならないと考えてきました。

しかし,「こころの健康」ということを考えるとき,「予防」からさらに「保健」へと拡大していかなければならないようです。「予防」とは,たとえば,「こころの予防」ということでいえば,ノイローゼやうつ病といった精神的障害にかからないように予防するという意味が含まれています。疾病や障害にならないようにする,それが「予防」という概念に包摂される意味です。

この意味で,これまで使われていた「精神衛生」ということばは,どちらかといえば,精神障害を予防するという意味が含まれています。精神障害になることを予防し,その発生を減らし,精神障害の早期発見と早期予防,精神障害になったときの治療とリハビリテーション,さらには,社会復帰という精神障害の予防と精神障害に

なったあとの一連のケアとして考えられたものです。

それに対して、「保健」とは、健康を保つ、ということです。現在、健康、あるいは、健常である人が、その健康を維持し、保持していく、ということです。そこには、疾病や障害に陥らないように「予防」するという以上に、その健康を保持し、それをさらに増進するという意味が含まれています。

これからの21世紀の「こころの健康科学」は、単に「予防」ということだけではなく、その概念をも包摂した、維持、増進という「保健」で考えていかなければならないでしょう。

こころの健康と現代社会　ところが現代社会においては、「こころの健康」「保健」を維持、増進していくことが必ずしも容易でない時代が生まれつつあります。それは、現代社会の仕組みやあり様が複雑になり、社会の組織や構造が大きく変化しているからです。

21世紀のわが国の特徴は、情報化、高齢化、国際化です。20世紀の終わり頃からはじまったインターネットをはじめとする情報通信革命、テレビをはじめとするマス・メディアの発達は、18世紀にイギリスにはじまった製品生産の機械化、動力化をもたらした産業革命から情報産業へと産業構造や社会のシステムを大きく革命的に変革しました。21世紀の社会が進展するにつれて、情報社会は、ＩＴ革命（情報技術革命）とともにますます社会の隅々まで浸透していくでしょう。

しかし、それにともなってさまざまなこころの問題も生じてきます。たとえば、情報産業の一つの特徴は、その仕事にたずさわる人にきわめて創造的な、クリエイティブな思考を求めることです。新しいソフトを開発するには、他と違ったきわめて創造的な思考が必要です。それだけに、その産業にたずさわる人には、さまざまなストレスがみられるようになります。情報産業の第一線で活躍する人がそのストレスを克服し、こころの健康を維持し、社会の発展に寄与するかは、大きくこころのあり方にかかっているのです。

また、マス・メディアの発達もすさまじいものがあります。かつてテレビが現れた頃、それを称して「一億総白痴化」といった評論家もいましたが、テレビや新聞などのマス・メディアのもつ社会的影響は、実に巨大なものがあります。マス・メディアが社会全体に与える影響、あるいは、一人一人の思考や行動にさまざまな影響を与えていると考えられます。今日、さまざまな青少年の犯罪が多発しています。その一つの原因は、家庭の教育にあるということができましょう。マス・メディアが十分に発達していなかった時代には、子どもが受けとる子育ての情報は、親が与える情報でした。あるいは、せいぜい、学校の先生からの情報でした。したがって、親は自分のもつ情報によって十分に子どもをコントロールし、子育てをすることができたのです。しかし、情報社会では、子育てや教育についてのさまざまな情報が、テレビや他のマス・メディアを通して家庭のなかに飛び込んできます。その情報が親の与える情報以上に子

Key word

こころの健康
予防
保健
マス・メディア

観察という行為が子どもの情報の世界に撹乱をもち込んだ。

Key word

少子高齢化社会
第三齢代
こころの健康

どもにとって大きな価値をもつこともしばしばです。さらに，携帯電話で仲間と交信する世界は，親が立ち入ることのできない社会です。問題がおきたとき，子どものこころや子どもの行動を知らなかったといったことが起こるのは，情報が家庭と社会の塀を乗り越えて錯綜し，家庭のもつ陶冶力が大きく減退しているからです。このような社会環境のなかで，親や子どもがこころの健康を維持し，子どもをすこやかに成長させるには，情報化社会をにらんだ戦略が必要でしょう。

現代のもう一つの特徴は，少子高齢化社会です。65歳以上の高齢者の人口が15歳以下の子どもの人口を凌駕する時代となったのです。とくに，高齢社会においては，定年退職をはじめとする第一線の仕事を退いたあとの生き方，こころのケアが問題となります。わたくしたち著者のいう「第三齢代」のこころの健康が問題となります。もちろん，身体的健康を維持するのも，とくに「第三齢代」に入ってから大切です。しかし，それと同時に，こころの健康を維持し，その時代をこころ豊かに生きるのも大切なことです。

生活の場とこころの科学 わたくしたち人間は，さまざまな生活の場をもって生きています。そのため，こころの健康も，その生活の場での人間関係や生活のあり様が大きく関係してきます。生活の場は，大きくわけて，家庭，学校，職場，地域社会，サークル，クラブなどがあります。人間はこれらの場を通して社会生活を営んでいるわけです。

そのなかで，社会を構成するもっとも小さな単位が「家庭」です。人間は，家族という家庭のなかで生まれ，小学校に入るまでの6年間という時間を家庭という環境で過ごすわけです。もちろん，成長してからも，一人の人間として育ち，巣立ち，新しい家庭をつくるまでは，生まれた家庭のなかで過ごします。とくに，高度経済成長とともに生まれた若年労働者の都市への人口の集中とそれによって起こった核家族，さらには，人口の高齢化によっておこる老齢者だけの家庭といったこれからの社会がかかえる問題のなかで，子どもがすこやかに育ち，家庭のなかの一人一人が「こころの健康」を維持，増進するための豊かな人間関係を築いていかなければならないのです。

職場でも，大きな変化が起こっています。日本の固有の雇用制度といわれてきた終身雇用制度が大きく崩壊し，能力給の導入や経営の合理化，さらには，コンピューター機器の導入など，事務職場の組織や雰囲気も大きく変わってきています。また，生産現場においても，人間の労働力に代わるロボットが作動し，大きく合理化されてきました。これまでの作業とは違った能力や，これまで以上に緻密な知的能力が求められ，ストレスの多い社会となったのです。端的にいえば，昔のように，何人かで一つのチームをつくり，和気あいあいの暖かい人間関係のなかで一つの作業をするというのではなく，無機的なコンピューターと一日中向かい合って，孤独に，他と

自己か社会か。

家族。自己愛か社会性かを最初に問う関門。

の人間関係も希薄ななかで，もくもくと作業をする，ということになったのです。おそらく，この情景は，現代の職場社会でおこっている一つの描写に過ぎないでしょう。しかし，これからの職場社会においては，これまで以上に緊張とストレスの多い職場となるのは，確実です。事実，コンピューター産業として世界的に有名なアメリカのシリコンバレーにおいても，こころのストレスを訴える人が急増しているという報告もあります。そのなかで，いかにこころの健康を維持し，増進していくかは，職場の生産性や人間関係，いや，それ以上に一人一人が人間としてこころ豊かに生きていくために，克服しなければならない重要な問題なのです。

　学校も，また，大切な社会の場です。学校も，幼児期においては保育園や幼稚園，そのあとの小学校，中学校，高等学校，大学へと，時間を軸として考えれば，それはゆうに20年を越えます。学校は，一人一人の人間を育てるための，教育を目的として組織されたものです。そこではさまざまな学科・科目を学ぶとともに，一人一人がその学校社会に適応していくことが求められます。その学校社会にうまく適応するための援助が「学校精神保健」といわれるものです。しかし，いま学校は，大きく揺れています。いじめ，校内暴力，不登校，さらには，小学校低学年に至る学級崩壊など，戦後60年の負の遺産ともいうべき，さまざまな現象が起こっています。もちろん，これらの現象は，日本の教育現場のすべてをおおうものではありません。しかし，一人一人の子どもがこころを健康に維持し，さらにそれを育てていく場としての学校社会ということからすれば，それについてのさまざまな角度からの対応が必要とされるでしょう。事実，これらの問題をもった子どもには，これまでの一人一人の教師や，養護教諭だけではなく，こころの相談を専門とするスクールカウンセラーがその相談にのるという状況が生まれてきました。さらに，大学生については，統合失調症が好発生する時期で，アイデンティティの形成など，不安と悩み多い時期であるために，それに適した対応が求められます。

　こころの健康を支える人びと　こころの健康を支える機関には，さまざまなものがあり，こころの悩みや相談にのっています。それらの機関として，電話相談，心理相談，精神科クリニック，総合病院の精神科，心療内科などがあります。

　電話相談は，こころの悩みや不安をもつ人が，気軽にその悩みや不安を聞いてくれるものとして考えられたものです。現代社会は，さまざまな情報が飛び交う情報化社会とはいいながら，そのなかで生活する一人一人は，結構，孤立し，孤独なこころをだれにも相談できない人が多いものです。情報はたくさん入ってくるけれども，自分の情報を聞いてくれる人がいない。家庭のなかにも，それがない。そんなこころの悩みをもった人を対象にはじめられたのが，電話による相談です。「いのちの電話」は，もう20年以上の歴史をもっています。

Key word

こころの健康
学校精神保健
校内暴力
不登校
学級崩壊
スクールカウンセラー
アイデンティティの形成

学校。他者を生きることも学ぶかもしれない。

Key word

心理相談
こころの健康

　心理相談は，保健所や児童相談所，あるいは，大学の心理学科のスタッフが相談やカウンセリングをおこなっています。さらに，最近では，企業も，心理相談をおこなうようになってきました。不安や悩みを抱えた社員が多くなれば，その企業の生産性にも影響し，さらに，社内の人間関係にも悪い影響をもたらすからです。リストラ，成果主義，ＩＴ革命など，さまざまなストレスを生み出す最近の企業環境のなかで，企業がやっと「こころの健康」にも関心をもってきたのです。

　本来精神科治療は，入院治療が中心でした。しかし，できるだけ入院という社会的不利益を避け，外来によって治療を続け，回復への道をたどろうとする機運が生まれてきました。とくに，大都市などの都市部において，その傾向は強いようです。精神治療への敷居が低くなったようです。一般診療所数と精神科クリニックの数の増加を都市部で比較した調査によると，一般診療所数は，1970年から25年間ほぼ横ばいであるのに対して，精神科クリニックの数は，500から3,000へと急増しています。

　さらに，総合病院の精神科や，心身症を専門とする心療内科などがその仕事に従事しています。

　これらの機関を支え，精神保健を維持し，こころの健康の相談にのっているのが，医師や臨床心理士，看護師，ソーシャルワーカー，さらには，電話相談などのボランティア・グループです。

問　　題

1) 「予防」から「保健」へ，の概念的移行について考えてください。

2) 現代社会の特質とこころの健康との関係について考えなさい。

3) 生活の場におけるこころの健康について述べなさい。

4) こころの健康を支えるためにどんな活動がおこなわれていますか。また，どんな専門家がいますか。

「夢みる世界」－あとがきに代えて

　わたくしたち著者は，本書『福祉心理学を愉しむ』を執筆するとき，「福祉社会」とはどんな社会であろうかと夢想しながら筆を進めていきました。「福祉社会」とは，現在の金・物優位の社会ではなく，「こころ」優位の社会であろうと思います。人間のこころがもっとも上位にある社会，それが「福祉社会」です。
　それは，すべての人間が善意のこころでそれぞれの役割を果たしている社会です。健康な老夫婦，第三齢代の夫婦が仲睦まじく朝の散歩を楽しんでいます。元気な子どもが生き生きとした姿で学校へ行っています。学校では，いじめや校内暴力，登校拒否といったものはありません。もちろん，学級崩壊といったことも起こりません。教室では，子ども同士が仲よく，先生と生徒が和気あいあいとして勉強にはげんでいます。保育園や幼稚園では，人格の根幹は幼児期の教育にありとして，先生がこころやさしく一人一人の個性に応じて子どもに接しています。あたたかいホットな家庭のようです。そこには，悪意に満ちた意地悪や虐待，折檻はありません。子どもたちも，本当に園の生活が楽しそうです。障害をもった子どもたちにも，先生や看護師，保育者が熱心にこころをこめて訓練にはげみ，自立への道にとりくんでいます。夫や子どもが出かけた家庭では，主婦が食事のあとかたづけや掃除も終わりました。さあ！あとの時間をどうしよう。自己充実，自己実現への勉強のはじまりです。もうお母さんは，偏差値の高い大学だけを目指して，子どものお尻をたたきません。何より大切なのは，人間としてのこころである，と考えています。サラリーマンのお父さんも，職場で悩みやうつ病といったこころの病もなく，リストラに脅かされることもなく，仲間と一緒に元気で仕事をしています。介護保険の現場では，介護福祉士やホームヘルパーがこころやさしく，あたたかいこころをもってかいがいしく働いています。介護されるお年寄り，第四齢代の人からも，満足とやすらぎのこころが伝わってきます。政治や行政も，やさしく対応してくれます。教育も「福祉社会」実現の根幹として，こころ豊かな人間形成をおこなっています。「福祉社会」は，究極には，人の問題です。人のこころの問題として帰納できるものです。こころ豊かな人間教育こそ，「福祉社会」実現の基本でなければなりません。
　「福祉社会」では，それぞれの人たちが，それぞれの分野で，それぞれの仕事を善意のこころをもって楽しそうに，いきいきとその任を果たしている姿がみえてきます。
　それは，まさしく，「ユートピアの世界」「夢みる世界」です。おそらく，「福祉社会」とは，すべての人が善意をもって，こころ豊かに自分の仕事を遂行し，人びとを助け合い，それらが有機的な関連をもって機能している社会であるといえましょう。それは，まさしく，人間社会が理想とする社会です。
　20世紀の福祉は，障害者や高齢者，乳幼児といった，いわゆる，社会的弱者に対する支援と援助でした。もちろん，それはきわめて大切なことです。21世紀にはいっても，これらの人びとに対する社会的援助や支援は，さらに大きく拡大していかなければなりません。しかし，21世紀の福祉社会は，それらを包摂しながらも，さらに，健常な人も，障害者も，男も女も，おとなも子どもも，年齢，性別に関係なく，この地球上で生きるすべての人びとが，安心して，安全に，こころ豊かに暮らす社会でなければなりません。福祉社会とは，まさしく，人間が人

Key word
福祉社会

Key word
福祉社会

　間として生きる社会でなければならないのです。その社会の建設こそ，福祉社会のめざすものでなければなりません。そのためには，わたくしたちの意識の改革，「新しい価値の創造」がなされなければならないのです。経済優位の社会から本当にこころ豊かに生きることのできる社会です。

　「福祉社会」は，わたくしたちが「夢みる社会」です。しかし，わたくしたちをとりまく現在の状況は，決して「夢みる社会」ではありません。むしろ，多くがその対極にあるといってよいでしょう。だからこそ，21世紀において，福祉社会実現への挑戦が求められるのです。理想は遥か夢の彼方です。しかし，その理想への挑戦こそ，21世紀の「福祉社会」でなければならないのです。

　わたくしたち著者は，「21世紀，みんな幸せになろうよ」という願いを込めて，この本を書いてきました。本書を手にした皆様にその思いの一つでもお伝えできれば，望外の悦びとするところです。

　本書『福祉心理学を愉しむ』は，ナカニシヤ出版から出版した「愉しむシリーズ」，『心理学を愉しむ』『教育心理学を愉しむ』『発達心理学を愉しむ』『乳幼児心理学を愉しむ』『保育を愉しむ』『応答的保育を愉しむ』『高齢社会を愉しむ』『赤ちゃん心理学を愉しむ』『観光心理学を愉しむ』に次いで，10冊目の本として出版したものです。「愉しむシリーズ」では，それぞれの本にその本のテーマをつけています。この『福祉心理学を愉しむ』のテーマは，「新しい価値の創造」です。21世紀の福祉は，20世紀の福祉を超える新しい価値を創造してこそ，本当の意味での人間の福祉が実現すると考えるからです。なぜなら，「福祉」とは「人間のしあわせ」をいうからです。

　本書を出版するにあたり，ナカニシヤ出版の中西健夫社長，宍倉由高編集長をはじめ，社員の皆様に大変お世話になりました。ここに改めて深く感謝の意を表したいと思います。

　　　　　　　　　　　　　　　　　　　　　　　　　　　　宮原　和子
　　　　　　　　　　　　　　　　　　　　　　　　　　　　宮原　英種

参考文献

浅見千鶴子・稲毛教子・野田雅子　1990　乳幼児の発達心理1　1歳まで　大日本図書
ブラゼルトン，T. B.　1981　*Becoming a Family: The Growth of Attachment.* New York; Delacorte/Seymour Laurence.　小林　登訳　1982　親と子のきずな－アタッチメントを育てるとは　医歯薬出版
福岡市保健福祉局介護保健課　2000　福岡市介護保険べんり帳
ゲゼル，A.　生月雅子訳　1967　狼にそだてられた子　家政教育社
服部万里子　2000　図解でわかる介護保険のしくみ　日本実業出版社
ハント，J. McV.　宮原英種・宮原和子共訳　1978　乳幼児教育の新しい役割－その心理学的基盤と社会的意味－　新曜社
門野晴子　2000　老いて，住む　岩波書店
笠原　嘉　1998　精神病　岩波書店
Koffka, K.　1935　*Principles of Gestalt Psychology.* London: Routledge, Kegan Paul.
高齢社会基礎資料　2005　エイジング総合研究センター（'04-'05年版）（P.82）
久保田競・梶浦一郎（監修）　ボーネルンド編集　ユニバーサル・プレイシングの本：バリアフリー時代の遊び道具カタログ2000　見てたのしい読んで役立つ
キューブラー＝ロス，E.　著　川口正吉訳　1971　死ぬ瞬間　読売新聞社
Lewin, K.　1935　*A Dynamic Theory of Personality.* New York: McGraw-Hill.
宮原英種・宮原和子　1992　愛情だけでは子どもは育たない－ハント博士の知的乳幼児教育　くもん出版
宮原英種・宮原和子　1998　高齢社会を愉しむ　ナカニシヤ出版
宮原英種・宮原和子　1998　知性はどのようにして誕生するか　ナカニシヤ出版
宮原英種・宮原和子　2000　赤ちゃんはこんなに賢い　ブレーン出版
宮原英種・宮原和子　2002　応答的保育の研究　ナカニシヤ出版
宮原和子・宮原英種（編著）　1997　応答的保育を愉しむ　ナカニシヤ出版
宮原和子・宮原英種　1997　保育を愉しむ　ナカニシヤ出版
宮原和子・小方信二・竹内里絵・宮原英種　1998　乳児保育　蒼丘書林
村山正治　1992　カウンセリングと教育　ナカニシヤ出版
内閣府　2002　高齢者の生活と意識　第5回国際比較調査結果報告書　ぎょうせい
内閣府　2005　内閣府広報室
内閣府　2007「暮らしと社会シリーズ」平成19年版　高齢社会白書　ぎょうせい
内閣府　2009「暮らしと社会」シリーズ　男女共同参画白書
中城　進（編）　1999　医療・看護・福祉のための心理学　二瓶社
中里至正・松井　洋（編著）　1997　異質な日本の若者たち　ブレーン出版
日本経済新聞　1997　2020年からの警鐘2　怠惰な日本人
日本子ども資料年鑑　2009　日本子ども家庭総合研究所
岡田　明　1995　福祉心理学入門　学芸図書
大平光代　1999　だから，あなたも生きぬいて　講談社
佐藤泰正・山根律子（編著）　1998　福祉心理学　学芸図書
仙波純一・高橋祥友（編著）　1999　こころの健康科学　放送大学教育振興会
田中直人　1996　福祉まちづくりデザイン　学芸出版社
十島雍蔵　1998　空我を生きる　ナカニシヤ出版
山本花子　1996　碁盤割　商家の暮らし　愛知県郷土資料刊行会

索　　引

ア行

ヴント　14,19
エリクソン　50,52-54

IQ　104
愛他性　43
アイデンティティ　47,51-53,71
アイデンティティ拡散　52,53
アイデンティティの確立　53,73
アイデンティティの喪失　46,72
あだな　47
アルコール依存症　113,115
アルツハイマー病　113
家出　42
家を失ったおとな　52
生きることの意味　58
生きる力　95
異質性　43
いじめ　42,45
意志力　51
依存　79,93
遺伝　40
因果性　26,27
インコンピテンス　40
welfare　8
内田クレペリン作業検査　126
うつ病　60,112,118
エディプス・コンプレックス　53
応答　22,31,33
応答的な関係　55
応答的保育　33
応用心理学　16
音声模倣　26,27

カ行

ゲゼル　40,56
コフカ　141
ゴールトン　40

外因性精神障害　110,113,115
介護　9,79,93
介護サービス　88
介護支援専門員　88
介護の社会化　70,84
介護保険制度　88,97,135
概念　26
カウンセリング　120-123,126
核家族　90

学習　59
学習障害　106,107
拡大家族　90,97
拡張自我　61
過小のズレ　33
過食症　110
過大なズレ　33
価値　10
価値観の転換　16
学級崩壊　145
学校精神保健　145
過程　33,34
家庭内暴力　42
カルチャー・スクール　97
環境　19
環境福祉学　136,137,140
環境問題　136
感情鈍麻　112
器質性精神遅滞　105
QOL　10,16,17,39,73
吸啜反射　25,27
教育可能な精神遅滞　104
教育力　46
協応　27
境界性人格障害　115
恐喝　42
共感的理解　121
強迫観念　111
強迫行為　111
強迫神経症　111
恐怖症　111
キレ　42,106
近居　76
緊張性頸反射　25
勤勉さ　50-53
空我　125
空間　26
空間関係　27
空間認識　26
訓練可能な精神遅滞　104
形式的操作　47
形成的知能観　40
健康寿命　69
言語障害　105
原始反射　25
好況　91,95
公的介護　70,78
行動／情緒障害　106

校内暴力　　42,45,145
公民館活動　　129
合理化　　61
高齢化社会　　9
高齢社会　　9,64
高齢者大学　　130
高齢者のイメージ　　64
国連特別総会女性 2000 年会議　　99
心　　11
こころの風邪　　112,118
こころの健康　　142-146
コミュニティ　　128
孤立　　53
コンピテンス　　31

　　サ行

罪悪感　　52,53
催促　　27
再認の喜び　　22
サイレント・ベビー　　28,31,50,52,54
殺人　　42
死　　54
シェマ　　27
自我　　125
視覚障害　　107
自己一致　　121
思考障害　　112
肢体不自由　　107
疾病恐怖　　111
児童虐待　　30
シニア・ピアカウンセリング　　123
自発性　　50-53
自分さがし　　47
自閉　　112
資本主義　　91
社会的弱者　　11
社会的適応行動　　105
社会的適応性　　105
社会福祉協議会　　135
熟年離婚　　102
受胎　　20
手段　　26,27
手段・方法　　26
受容　　33,34
準同居　　76
少子化　　97
少子高齢化社会　　144
情報化社会　　123
女子教育　　97,98
女性先進国　　97
女性の復権　　96,97
自律　　50-53
自立　　79,80
自立と介護　　81
心因性精神障害　　110,111,116

人格障害　　116
心気神経症　　111
thinking　　91,95
神経症　　111,115
新生児　　21
身体的障害　　104,107
身体表現性障害　　111
信頼　　50-53
心理学　　14
心理相談　　146
心理的環境　　141
親和性　　51,53
スクールカウンセラー　　145
精神衛生　　142
精神障害　　109,110,115
精神遅滞　　104
精神的障害　　104
精神発達遅滞　　116
精神病　　115
性の異常　　113,117
制度・システム　　17
青年期　　47
赤面恐怖症　　111
世代性　　51,52
摂食障害　　113,117
絶望　　52
セミ・リタイアメント　　95
躁うつ病　　110-112,115
相互作用　　33
操作的因果性　　27

　　タ行

ダーウィン　　40
第 1 号被保険者　　88
対応の問題　　33
第三齢代　　70,78,91,93,131,137,144
胎生期　　20
第 2 号被保険者　　88
第二の性　　96,98
第二反抗期　　47
第四齢代　　70,78,93,137
ダウン症候群　　23,105
男女共同参加社会　　101
男女雇用機会均等法　　98
男女平等社会　　101
地域社会　　128
知的障害　　104,109
知能検査　　40
聴覚障害　　107
超高齢社会　　81
治療　　38
追視　　26
定位反応　　22
停滞　　52,53

定年　71
適応　12,19,58
適切なズレ　33
手を伸ばして取る　26
同一視　61
doing　91,95
同居率　76
統合　52
統合失調症　110-112,115
動作模倣　26,27
投射　61
逃避　60,61
特別養護老人ホーム　78,85

ナ行
内因性精神障害　110,111,115
内発的動機づけ　23
日本の若者の価値観　44
乳児の凝視　21
乳幼児突然死症候群　23
人間性の回復　55
「人間」となる　56
認知症　113
寝たきり　79,80
年金　71
年金家族　71
ノイローゼ　110
能力　31
ノーマライゼーション　79,80,139

ハ行
ハント　33,36,40
ピアジェ　33,47
ビネー　40,126
フロイト　50,53
ボーヴォワール　96

把握反射　25
パーソナリティの歪み　115
恥　52,53
発達区分　67
発問　33,34
ハビンスキー反射　25
バリアフリー　9,17,135,139
バリアフリー・デザイン　83,138
反射　20
反動形成　61
非該当（自立）　88
非器質性精神遅滞　105
非行許容性　43
微笑反応　21
ヒステリー　111
人を殺す経験　45
貧困な家庭　40
不安神経症　111

不安性障害　111
夫婦別姓　102
不況　91,95
福祉　8,41
福祉高齢社会　70,93,95
福祉社会　147,148
福祉心理学　11,15
福祉まちづくり　137,138
不信　52,53
プチ家出　42
物理的環境　141
不登校　42,145
フラストレーション　60
分化・成長　20
ヘッド・スタート計画　36,41
防衛機制　60
暴走する若者　50,52
ホームレス　50
保健　142,143
母子相互交渉　21
母子相互作用　107
補償教育　37
ホメオスタシス　59

マ行
メンデル　40
マス・メディア　143
無為　112
無我　125
無気力な青年　52
妄想　112
物に対する活動様式　26,27
ものの永続性　26,27
模倣　27
モロー反射　25

ヤ行
薬物依存症　115
野生児　56
矢田部・ギルフォード性格検査　126
U3A　81,83,131,132
有能感　51
ユニバーサル・デザイン　83,139,140
ユニバーサル・プレイシング　83
要介護　88
要介護1　89
要介護2　89
要介護3　89
要介護4　89
要介護5　89
要支援　88,89
幼児虐待　28
抑圧　61
欲求解除の方式　59

欲求阻止　59
予防　142,143
予防教育　38

ラ行・ワ行
レビン　137
ロジャーズ　121

リストラ　95
リタイアメント・ヴィレッジ　92,93

臨床心理士　126
齢代　65,78
劣等感　52,53
連想弛緩　112
老後の不安　75
老人保健施設　78,85
老齢基礎年金　72
老老介護　84
ロールシャッハ・テスト　126
笑わない子ども　31,50,52,54

宮原和子（みやはら　かずこ）（写真左）
　元第一福祉大学教授　文学博士
　専攻　乳幼児心理学・教育心理学

主な著書・訳書
　心理言語学入門（共訳）　1975　新曜社
　乳幼児教育の新しい役割（共訳）　1978　新曜社
　文法の獲得（共訳）　1981　大修館書店
　教室で生きる教育心理学（共訳）　1983　新曜社
　生き生きっ子を育てる　1984　新曜社
　応答的保育入門（共編著）　1987　蒼丘書林
　ママ，ふりむいて応えて　1989　蒼丘書林
　続，ママ，ふりむいて応えて（編著）　1990　蒼丘書林
　ことばの発達ガイド・ブック（共編著）　1991　蒼丘書林
　保育所保育指針と応答的保育（共著）　1991　蒼丘書林
　乳幼児教育への招待（共訳）　1992　ミネルヴァ書房
　愛情だけでは子どもは育たない－ハント博士の知的乳幼児教育－（共著）　1992　くもん出版
　育てよう，生き生きっ子（共著）　1993　蒼丘書林
　子どもと環境（共著）　1994　蒼丘書林
　お母さん，「あとで」と言わないで　1995　ＰＨＰ研究所
　心理学を愉しむ（共著）　1995　ナカニシヤ出版
　教育心理学を愉しむ（共著）　1996　ナカニシヤ出版
　乳幼児心理学を愉しむ（共著）　1996　ナカニシヤ出版
　発達心理学を愉しむ（共著）　1996　ナカニシヤ出版
　保育を愉しむ（共著）　1997　ナカニシヤ出版
　応答的保育を愉しむ（共著）　1997　ナカニシヤ出版
　高齢社会を愉しむ（共著）　1997　ナカニシヤ出版
　乳児保育（共著）　1998　蒼丘書林
　知性はどのようにして誕生するか（共著）　1998　ナカニシヤ出版
　ちょうどの学習・ちょうどの育児（共著）　1998　くもん出版
　定年を愉しむ－夢大陸・ホープ・アイランド・リゾートで暮らす（共著）　1999　蒼丘書林
　赤ちゃんはこんなに賢い（共著）　2000　ブレーン出版
　観光心理学を愉しむ（共著）　2001　ナカニシヤ出版
　福祉心理学を愉しむ（共著）　2001　ナカニシヤ出版
　応答的保育の研究（共著）　2002　ナカニシヤ出版
　心理学実験を愉しむ（共監修）　2003　ナカニシヤ出版
　知的好奇心を育てる応答的保育（共著）　2004　ナカニシヤ出版
　人間発達論（共著）　2004　ナカニシヤ出版
　福祉心理学をより深く理解するために－「福祉心理学を愉しむ」副読本　2005　ナカニシヤ出版
　人間環境論　2006　ナカニシヤ出版
　わくわく定年豪華客船「ぱしふぃっくびいなす」による世界一周クルーズの旅　2008

宮原英種（みやはら　ひでかず）（写真右）
　元第一福祉大学教授，福岡教育大学名誉教授
　専攻　教育心理学・発達心理学

主な著書・訳書
　心理言語学入門（共訳）　1975　新曜社
　乳幼児教育の新しい役割（共訳）　1978　新曜社
　文法の獲得（監訳）　1981　大修館書店
　教室で生きる教育心理学（監訳）　1983　新曜社
　応答的保育入門（共編著）　1987　蒼丘書林
　ことばの発達ガイド・ブック（共編著）　1991　蒼丘書林
　保育所保育指針と応答的保育（共著）　1991　蒼丘書林
　乳幼児教育への招待（共訳）　1992　ミネルヴァ書房
　愛情だけでは子どもは育たない－ハント博士の知的乳幼児教育－（共著）　1992　くもん出版
　子どもと環境（共著）　1994　蒼丘書林
　心理学を愉しむ（共著）　1995　ナカニシヤ出版
　ゴールドコーストの休日　第三齢代のオーストラリア"黄金海岸"体験　1996　蒼丘書林
　教育心理学を愉しむ（共著）　1996　ナカニシヤ出版
　乳幼児心理学を愉しむ（共著）　1996　ナカニシヤ出版
　発達心理学を愉しむ（共著）　1996　ナカニシヤ出版
　保育を愉しむ（共著）　1997　ナカニシヤ出版
　応答的保育を愉しむ（共著）　1997　ナカニシヤ出版
　高齢社会を愉しむ（共著）　1997　ナカニシヤ出版
　乳児保育（共著）　1998　蒼丘書林
　知性はどのようにして誕生するか（共著）　1998　ナカニシヤ出版
　ちょうどの学習・ちょうどの育児（共著）　1998　くもん出版
　定年を愉しむ－夢大陸・ホープ・アイランド・リゾートで暮らす（共著）　1999　蒼丘書林
　赤ちゃんはこんなに賢い（共著）　2000　ブレーン出版
　観光心理学を愉しむ（共著）　2001　ナカニシヤ出版
　福祉心理学を愉しむ（共著）　2001　ナカニシヤ出版
　応答的保育の研究（共著）　2002　ナカニシヤ出版
　高齢者理解の臨床心理学（監修）　2003　ナカニシヤ出版
　心理学実験を愉しむ（共監修）　2003　ナカニシヤ出版
　知的好奇心を育てる応答的保育（共著）　2004　ナカニシヤ出版
　人間発達論（共著）　2004　ナカニシヤ出版
　心理・福祉・保育エッセイ　心理学スケッチを愉しむ　2005　ナカニシヤ出版
　福祉心理学をより深く理解するために－「福祉心理学を愉しむ」副読本　2005　ナカニシヤ出版
　人間環境論　2006　ナカニシヤ出版

福祉心理学を愉しむ［第3版］

2009年6月1日　第3版第1刷発行　　　定価はカヴァーに
2016年11月30日　第3版第4刷発行　　　表示してあります

　　　　　著　者　宮原和子
　　　　　　　　　宮原英種
　　　　　出版者　中西健夫
　　　　　出版社　株式会社ナカニシヤ出版
　　　京都市左京区一乗寺木ノ本町15番地（〒606-8161）
　　　　　Telephone　075-723-0111
　　　　　Facsimile　075-723-0095
　　　　　郵便振替　01030-0-13128
　　　　　Email　　　iihon-ippai@nakanishiya.co.jp
　　　　　URL　　　http://www.nakanishiya.co.jp/

印刷・吉川印刷工業所　製本・藤沢製本

Copyright © 2001, 2006, 2009, by K. Miyahara and H. Miyahara
Printed in Japan
ISBN978-4-7795-0359-7 C3011

◎本書のコピー、スキャン、デジタル化等の無断複製は著作権法上での例外を除き禁じられています。本書を、代行業者等の第三者に依頼してスキャンやデジタル化することは、たとえ個人や家庭内での利用であっても著作権法上認められておりません。